密碼與光譜

台灣為中心的歷史知識論

林柏維◎著

目 次

導　論

1.歷史的主角

　　布洛克在《史家的技藝》一書的第一句話：「告訴我，爸爸，歷史有什麼用？」[1]看似平常，卻也發人深省。

　　歷史是什麼？讀歷史作什麼？誰在寫歷史？寫誰的歷史？反過來問：什麼是歷史？歷史能讀出什麼？寫歷史的一定是學歷史的？

　　回首初入輔仁大學歷史系，這樣的問題就一直縈繞心頭，史學導論的課程設計立意良善，然而引燈者卻仍難使我滿意於歷史知識的應有認知，歷史學如只侷限於中國二十五史等重要史籍的介紹，那麼西方歷史經典是否也該涉及，至於史學方法課程的規劃，自然是歷史學系的必修課程，所幸我的資質尚能心領神會於各家史學大師的理念論說，然而，我思考著，歷史系的其他同學們可也能在紙上談兵中，學習到歷史知識，遑論非歷史人欲求歷史門徑之不可得。

　　如何讓「沒有在學院裡工作的人，一樣可以成為史學家，沒有經過學院式的、繁瑣考證訓練的人，如果自修得法，一樣也可以寫出好的史書。」[2]是的，引領非歷史人取得歷史密碼，成為歷史人，而實用、實際、寬廣、平實的歷史知識論，是點燈人給初入歷史殿堂者，最合宜的地圖吧！

　　是的，一張歷史知識論的地圖，「歷史知識者，事也，而研究方法者，器也，捨器而求事者，猶捨秬黍而求旨酒也，可謂不務其

---

[1]　布洛克《史家的技藝》，台北：遠流，1990.11.，頁 13。

[2]　余英時〈史學史家與時代〉，《歷史與思想》，台北聯經，1976.9.，頁 270。

本而齊其末者也。」[3]解開歷史的密碼，讓歷史知識的開啟，不用凡事必言劉知幾、章學誠、趙翼、錢大昕、王夫之、柳詒徵，不需處處引述蘭克、卡爾、韋伯，歷史方法論的龐然巨構，反讓歷史的密碼更顯複雜難解，王爾敏先生在他的《史學方法》一書就已點破了這一關節：「方法論之形成，非由演繹而得，概以實際研究……自經驗中提出普遍通行原則，足以廣泛應用於治理學問者。其所表現之一般性質，則在於……淺顯簡單……粗略空疏……非固定……歸納眾多經驗。」[4]，然而，知易行難，「淺顯簡單、粗略空疏」如何能躋身學術研究的上層結構，於是，談論方法者，依然在著述中大量堆疊各方史學大師的「至理名言」，無墜一己的學術聲望，學史者，更形迷茫，依然徘徊於歷史的殿堂之外，歷史的密碼依然無解。

　　誠如布洛克所說：「我贊成職業史家，尤其是較為年輕的史學工作者，去反省有關我們的技藝的困境，以及無止境內容的探索。這該是最可靠、做好準備的方式：透過謹慎的選擇，合理地導引他們的工作……達成更廣闊、更深入的歷史研究。」[5]並且，從史學研究的嚴肅殿堂跳出，跳脫方法學的理論領域，切入到平實的史學研究，也就是「應用邏輯」[6]的方向。

---

[3]　何炳松《歷史研究法》，1927，頁7。

[4]　王爾敏《史學方法》，台北：東華，1988.3.，頁6。

[5]　布洛克《史家的技藝》，台北：遠流，1990.11.，頁25。

[6]　「方法」之所以被誤解為實際研究所涉及的程序，其根源或在於誤解或過分理想化我們現有對「方法」的知識，書本上所談的「方法」是屬於「重建的邏輯」，而非實際研究過程中的「應用邏輯」。……不可諱言，理想上我們極望「重建邏輯」與「應用邏輯」合而為一。（黃進興〈論方法及方法論〉，《歷史學與社會科學》，台北：華世，1981.12.，頁35。）

2.歷史知識

　　余英時先生在〈史學史家與時代〉一文提到：「學歷史的人，至少應該有嚴肅感、尊嚴感，對生命有嚴肅感的人，才能真正懂得歷史；有嚴肅感的人，對他的時代，必須密切地注意，決不能將自己關在書房裡，只管自己書桌上的事情，好像其他世上一切皆與我不相干一樣。」[7]這一段話發人省思，歷史知識也該如此，要與眾人共享，歷史人也須把金針度與人。

　　雖然「知識」是極為平易的字詞，然而知識的確切定義為何？則是哲學家極為專注的話題，甚至歷史學家、社會科學家也都受到影響而涉入他們的學術論述中。那麼，知識論是什麼？「知識論（Epistemology）一辭，語源自希臘文 Episteme 與 Logos 二字，Epistemology 意謂著「知識」，而 Logos 則意寓著『學問』，顧名思義，『知識論』乃『研究認知的學問』，有時被稱為『認知理論』（Theory of Knowledge）。」[8]知識論被當成獨立專題來討論，始於經驗主義者洛克（John Locke）的《人類悟性論》一書，至 1862 年，齊勒（Eduard Zeller）《知識論之問題與意義》一書出版，知識論在哲學領域中才開始盛行。

　　歷史本體的寬廣浩瀚，能遺留下來的雖是極為有限，歷史家仍努力將過去發生的事，加以重組、分析與批判，以建立歷史知識，黃俊傑先生對歷史知識有如此的定義：「歷史知識是人類為求『自我瞭解』而進行『理性思維』所建構的知識系統……是人對於具體

---

[7]　余英時〈史學史家與時代〉，《歷史與思想》，台北：聯經，1976.9.，頁 268。
[8]　關永中《知識論（一）》，台北：五南，2000.9.，頁 i。

而變動的現象，加以推理而構成之知識系統……是以人的思想為基礎所建構的知識系統。」[9]

　　哲學界魯汶學派的代表人汪斯坦博根（Van Steenberghen），稱系統哲學第一步的知識論為基本知識論，其進程為「分析或描寫的知識論」、「批判的知識論」。廣義上，知識論本身就是一種方法，是獲至任何一切科學的方法。[10]轉換至歷史知識論來說，「分析或描寫的知識論」是屬於歷史書寫對歷史本體的敘述、是歷史史料的分析、歸納、綜合，「批判的知識論」是屬於歷史書寫的歷史比較、歷史解釋。相對的，歷史知識的形構是在企圖重構歷史本體，這比之於哲學，則為「歷史還原」（Historical Reduction），「就是從具體的知識論史中的重要環節上，看看前人怎樣陳述他們的論點，藉以體悟其中所蘊含的理性與癥結。」[11]

　　從分析或描寫、批判到還原，已經涉及到歷史知識的建構有賴方法學的形塑，換言之，歷史知識論也內含了歷史方法論。

　　杜維運先生在他《史學方法論》一書的起頭，就說：

> 史學方法是訓練史學家的一門學問。傑出的史學家，可能是天縱的，道地的史學家，則是訓練出來的。……史學方法能給予史學家適當的指引。因為史學方法不僅指引史學家種種史學技術，尤其為史學家指引一些極有價值的史學原理。如在治史的基本態度上，應「多聞闕疑，慎言其餘」；選擇史料應置原書於優先地位；考證史料應「旁參互證」，「虛其

---

[9]　黃俊傑編《歷史知識與歷史思考》，臺北：臺大出版中心，2003, 12.，頁 48-50。

[10]　參見李政達〈書評：汪斯坦博根《知識論》〉，《哲學與文化》，期 362，2004.7.，頁 104-105。

[11]　關永中《知識論（一）》，台北：五南，2000.9.，頁 vii。

心以求之，平其情而論之」；以同情的想像為古人「設身處
地」；以淑世的胸懷，為後世留美善的紀錄。[12]

　　方法學不僅是治史的知識論，其「應用邏輯」也在經驗論下，
形塑出「史家的技藝」之有形無形的規範，匯東西方史學之歷史知
識論為一爐，自是許多史學大師的崇高想望。

　　台灣的史學界受到中國傳統史學的浸潤既深且廣，因此台灣的歷
史知識論也就不免以傳統中國史學為中心、為依歸，史學方法論的相
關書籍在旁徵博引之際，鮮少以台灣史事為例證，治史者在徜徉於「究
天人之際、通古今之變」的自我期許中，卻漏掉了生身之地，無怪乎
為方志學立論的章學誠，會沉寂於「正統史學」的巨流裡。

　　建構一個以台灣為中心的歷史知識論如何？在我心中盤旋已
久，讀史、教學之餘，偶有所得，遂不揣所學淺陋，將所學所思書
寫成稿，願為拋磚以能引玉。

3.開啟歷史大門的鎖鑰

　　歷史作為知識，首要的課題是：歷史是什麼？一般人所認知的
歷史是什麼？從歷史學的角度要如何簡單的界定？相對的，歷史有
什麼用？我們為什麼要學歷史？解答這些問題並不難，問題是從哪
裡開始來發現歷史，本書第一章〈什麼是歷史？〉選擇從世界遺產
的認識開始，從身邊的舊照片、舊書籍、舊地圖開始，觸動歷史學
習的心靈。

　　歷史即生活，從我出發，從家門口出發，歷史的旅程並不遙遠，
第二章〈歷史的原野〉，企圖從天馬行空的敘述裡，勾起歷史學習

---

[12]　杜維運《史學方法論》，台北：華世，1979.2.，頁1。

的意念，靜心傾聽歷史的聲音，原來歷史的原野就在我們唾手可得的週遭，隨時歡迎我們去挖掘。家鄉的土地、人民、物產、往事，與我們一同呼吸，歷史知識就在這裡。

書寫歷史已不再是專業史家的特權，平民的大眾史學應是大勢所趨，人人都可以是司馬遷，在地方意識逐漸上升的當下，地方文史工作也漸為人們所認同和重視，然而，這並不表示，大眾史學也可完全褪去歷史學的基本框架，因此，第三章〈歷史的書寫〉論述了歷史的定義、範疇，與歷史書寫基本規範。

大眾歷史的書寫，自是以素民的生活文化為起點，民俗文化的熟悉應是首要之務，而移墾社會又是海洋台灣的歷史特質，民俗文化自然與早期社會的墾拓環境有著息息相關的聯結，第四章〈生活的歷史〉將這一生活的歷史做了簡要的敘述，也釐清民俗文化難以入史的偏離認知。

地方史的書寫如何著手？在第五章〈小歷史、大歷史〉中，我以自己的家鄉為例，引領讀者進入鄉史、村史的歷史領域，乃至家族史的撰述，再從小歷史擴及到大歷史的論述，這層層架構中，歷史生命乃能再現，歷史的存在意義自能不言可喻，將自我與歷史串聯起來後，歷史學的晉級認知，始有其必要性。

史料學是歷史學的基礎，已是史學界不爭的共識，史料的旁徵博引、考證演繹，更是歷史書寫的必要手段與過程；史料的界定與認知，是初探歷史堂奧的首要課題，搜羅與解讀史料則為進階課程，本書第六章〈歷史的礎石〉，即是針對此一主題加以引介，並儘量以台灣史事為例項來說明；史料的考證方法與引用書寫，有賴實作的訓練和歲月的陶冶，本章僅就杜維運、胡適之、梁啟超、陳垣等史學大家之論見，予以分類排比，以窺考證工作之概觀。

　　近來學界研究的文徵使用，已不再侷限於文字史料，受到社會
科學研究的影響，田野史料的採集，讓歷史研究更具活力，從原住
民歷史書寫、平埔族的調查到工商人物的歷史訪談，田野工作的社
會學研究法已是歷史學常用史料採集法之一，第七章〈歷史的田野〉
即是在探討此一歷史素材的抓取方法，並著墨於口述歷史的採集。
當然，史料採集也有傳統的和現代的路徑，圖書館與網際網路的運
用，可收相得益彰之效，最後，史料的整飭與編排、閱讀，則是歷
史書寫的前奏，也一併於此論述，歷史研究的實作已躍然紙上。

　　史料閱讀與解構，是專業的史學技能，是書寫歷史本體的基本
素養，而讀歷史的方法從思想起、以思想結，邏輯思考能力的訓練，
關係到對史事的認知與解構，關係到對史書字裡行間之絃外之音的
理解，第八章〈歷史的解讀〉論述了這一歷史與思想的問題，進而
探究歷史解釋與歷史比較這一高一層面的歷史研究問題，碰觸到建
立歷史通則、歷史型模的可行性。

　　因此，歷史能否預測未來？總是騷動著閱讀歷史者的心，歷史有
無規律性？或者類似行為模式的規則？答案如是否定的，那麼，研究
歷史何用！尋找歷史本體的生命意義，應是歷史家殫竭畢生歲月於治
史工作的目的，歷史研究的發現不再停留於史料的發現，而是提昇至
歷史通則的發現，意即史家的歷史解釋與其思想展現，第九章〈歷史
的型模〉試圖透過歷史理論與社會科學理論的敘述，演繹出歷史的光
譜，以及歷史研究的歸趨：歷史解釋的通則建立，也就是歷史型模的
建立。

　　歷史研究的上層結構的攀爬，總還是要返璞歸真到經典閱讀，
初入歷史堂奧者應讀歷史經典，自能得潛移默化之效，研究者要讀
歷史經典，以臻見山是山、見水是水的化境，第十章〈史籍一二三〉
初始的構思是逐一討論東西方的歷史經典，最後，我把這一龐雜的

作業，微縮到歷史文本的進階閱讀上，引領更多非歷史人在歷史的修竹曲徑中，習得歷史方法與歷史知識。

　　台灣主體的研究在近二十年來，已是學界的主流，研究的觸角正逐步擴及到細項的專題探究，然而視角似乎仍難脫既存的學術研究框架，或者受到社會科學理論的影響，有著套用理論再來填塞史料的風潮。在終章〈海洋史觀的歷史書寫〉裡，我嘗試以洋流季風為軸線，從這一海洋史觀的歷史書寫面向，探究台灣早期歷史的幾個問題，以為台灣歷史研究的樣張，冀能拋磚引玉，兼能使讀者對歷史解釋與歷史形模的建構，起共鳴作用。

4.歷史遠景

　　歷史知識論所探討的問題與方向，和我們所認知的歷史學方法論的書籍，有著諸多相仿之處，方法論的書籍在坊間並不少見，然而，「所謂方法云者，多不免紙上談兵，毫無裨於實際。有些條分縷析，十分瑣屑，看似甚有系統，而實際用於研究，決難自信必然一一遵循。」[13]

　　隨著全民知識程度的提升，地方歷史研究風氣日盛，歷史研究的主角不再限定於史學專業人員，素民史家（常被稱為民俗專家、地方文史專家）的歷史知識自然決定了他的歷史書寫的層次，可以想見的是，隨著資訊產業的發達，剪刀漿糊式、附會傳說式的歷史書寫，充斥於鄉土簡介、鄉鎮公所網站上的歷史沿革中。如何將之導引至歷史知識論的合宜書寫中，自是一個嚴肅的課題。

---

[13]　王爾敏《史學方法》，頁 1。

　　多年來，我在技職體系的大學裡從事歷史教育的工作，爰將讀史與實際教學所得，整飭成書，以為初入歷史殿堂者的地圖，做為點燈人，希冀解開歷史的密碼，將歷史之光，析為光譜；個人僻居鄉野，閱歷難窮天人之際，涵養難逮古今之變，博學大儒之作自是延引不周，書中疏漏應也不少，還望方家不吝斧正。

　　本書的出版，必須感謝秀威資訊蔡登山先生，不惜以伯樂之尊，點選拙作，也須感謝向陽大哥的畫龍點睛，使此書雖非璞氏之玉，得無懷璧之憾。

2007.11.11.寫於府城北園居

第一章

什麼是歷史？：歷史的密碼

1-1　明天過後，我們留下什麼？

明天，你在哪裡，昨天以前你做了什麼？留下了什麼？

我們總是在年紀稍長後，感喟地說起從前如何，父祖輩不時地在耳邊叨叨不停地提起當年他們是如何艱辛地與生活搏鬥；課堂裡，老師喋喋不休地談起五百年前的詩人，國會殿堂裡某些政治人物正在嚴厲批判某些政黨過去如何壓榨人民，新聞媒體不時傳來世界各地關於地震、海嘯、火山爆發、洪水與冰雪帶來的災害，或傳來西藏達賴喇嘛為爭取獨立在印度發表聲明、恐怖份子又製造了飛機爆炸的攻擊，或傳來非洲落後國家的內戰與飢荒交纏的苦難。

終於出國旅行，導遊口沫橫飛地說著比薩斜塔的故事，站在乞丐簇擁的西安古城牆頭，有人吟詠起「西出陽關無故人」，在巴黎香榭裏大道啜飲卡布奇諾時，看著車水馬龍湧向凱旋門，於是拿破崙晃影到你的面前。

有人穿起長袍馬褂走進校園，你笑了！有人一身和服打扮款款走過，我們用著驚艷的眼神行注目禮，有人染紅頭髮，褲腰鬆垮地露出股溝，我們視而不見。

啊！歷史就在這裡。

1-1.1　歷史是什麼？

一個簡單的命題：歷史是什麼？

從中文字意上去解釋：經過的事被紀錄下來，就是歷史。

或者從英文直截了當的說：His-story，他的故事，就是歷史。

如此說，當然沒錯，但是史學家顯然也要用較科學的定義法則來闡明，梁啟超認為：「史者何？記述人類社會賡續活動之體相，校其總成績，求得其因果關係，以為現代一般人活動之資鑑者也。」現在大多數歷史學者都贊同杜維運先生的說法，認為：凡過去發生的事叫做「往事」，往事「被」紀錄下來、留存下來的物件是為「史料」，史學家用學術的方法，根據史料撰寫往事，「歷史」因而產生。很清楚的，所有的往事都應該是歷史，然而如果沒有史料留存或被發現，也沒有被史學家所採擇，存在的歷史也只好隨風而逝。

簡言之，歷史非往事，也不只是往事的記錄而已，歷史應是史學家依據史料以學術的方法研究出的成果。

往事因(1)當事人的記錄、(2)當代人的傳述、(3)文獻及實物的遺存，得以存在。存在的往事皆因史料而顯現，史料有原始史料與轉手史料之分，史料也有真偽的問題。

史學家在尋找、選取史料的過程中也受到時空環境、政治壓力、個人才識、社會趨勢、經濟誘因、意識形態等的侷限，而有其主觀的擇取標準。

史學家在運用史料的過程中，以考證辨真偽，以科學方法歸納、分析、比較、綜合史料，或添加社會科學的理論架構，敘述、解釋來完成歷史著作，並以還歷史原貌為終極目的，進而有助於現世。

反過來問：什麼是歷史？人類的文明過程中，哪些東西、哪些事情可以成為歷史、哪些人被紀錄下來成為歷史？歷史家為我們擇

取的是歷史，我們自己就不能有自己的「歷史」嗎？歷史被界定後，不代表歷史也要被決定。

　　所以，「新歷史」的主張出現了，脫離君王、遠離政治，歷史可以很生活、歷史也應很平民。

1-1.2　被扭曲的歷史

　　由於我們太習慣說「從前」為歷史了，以至於把許多跟歷史有關的事物都當成是歷史，不自覺的錯解歷史，連帶的扭曲歷史原貌，甚至「以訛為真」而不自知。

　　歷史可以很文學，然而文學卻不能是「真」歷史，歷史作品可以是文學典範，如司馬遷的《史記》，文字雋美，是文學佳釀。然而文學作品因為可以海闊天空任遨翔，所以未必是歷史的呈現，例如：《水滸傳》、《紅樓夢》所書寫的內容乍看之下彷彿是歷史活生生的呈現，然而，他們只是以歷史為場景的文學作品，作不得歷史，同樣的，金庸的武俠小說幾乎每部都在歷史的架構下把主角鮮活地寫出來，問題是，作者也有意的更動許多歷史真貌，以迎合他書寫的需要，當然也不能視為歷史作品。有趣的是《三國志》是歷史，《三國演義》寫的是三國時代為背景的小說，然而後者對後世的影響力反較前者有過之而無不及，甚至左右了整個華族社會的整體文化（忠孝節義的社會教化、蜀漢為正的法統論及其衍生的一統思想，影響深遠），這當然是一個值得研究歷史的人去深思的問題。

　　歷史可以是戲曲的最佳素材，在表現的過程中，為了增添劇情高潮而杜撰情節，是常有的事，而戲劇的兩極化、對比化特色也經常擠壓了真實人生、改變歷史原貌，從小說《拍案驚奇》改編而來的電視劇《包青天》，使包拯（包青天）被神格化，也讓人們對劇

情內容「信以為真」，文學藝術的深入人心，確實是歷史家書寫歷史時該自我期許的面向。

同樣的，歷史作品可以是最好的故事題材，但是故事絕對不等於歷史，二十四孝、吳鳳傳奇、義賊廖添丁與羅馬神話一般，可消遣卻不能當真。與故事相對等的是「傳說」，可信度真當然有問題，然而，我們總認為傳說的內容應也有它的事實纏雜其中吧！尤其是在沒有文字紀錄時代之前的歷史，於是，舊約聖經創世紀篇章，不可能只是信仰的內涵，神話學者認為其中有著「人類先史」，原住民的早期歷史或者也可在傳說中抽絲剝繭得一二脈絡。

依照歷史學者的自我定義，歷史作品應是力求逼近真相，然而在文化價值、國族意識、政治力等的影響下，歷史作品也難以避免被刻意曲解、被灌入「神話歷史」，如中共大躍進中的「雷鋒」、孫中山幼年時扯斷關公手臂、蔣介石童年時觀水中魚而知努力上進的滑稽之作，卻也常被當作正面教材，令人啞然失笑。在國族意識的考量下，遂有：日本政府屢次有意美化侵略中國為「進出」中國，國民黨政府時期故意忽略台灣歷史的存在，乃至禁談二二八事件，歷史被蓄意扭曲，常因政治現實的考量而故意忽略部分史事，成為現實社會中屢見不鮮的事。

黨派、族群、地域的意識，同樣地左右了歷史撰述的方向，在自我為中心的歷史意識下，在撰述歷史時遂各取所需，其結果是「歷史為政治而服務」，以 2005 年某政黨提出所謂「聯結台灣歷史」的張本為例，罕見的把蔣渭水、賴和等歷史人物端出檯面，乃是企圖用「自我中心的歷史意識」取得歷史解釋權（或者扭曲歷史面貌），絕非真的開始重視本土歷史。

1-1.3　歷史有什麼用？

「歷史有什麼用？」是的，歷史能作什麼！

你是在「讀歷史」還是「背歷史課本」？你是在接近歷史還是取得歷史分數？你是討厭歷史還是討厭歷史老師或不喜歡上課的方式及內容？你是認為歷史沒有用還是因讀歷史不能幫你賺錢？談歷史有用與否，至少需要把前面這幾個問題弄清楚吧！顯然，我們知道，真正的答案應該都是後者。

從實用的觀點來看，歷史似乎沒有實際的作用，然而歷史的存在卻又是無法否認的事實，長期來，聯考制度的錯誤引導，教育政策中過多的政治考量，大環境裡功利主義掛帥的惡果，大中國意識下漠視本土史地的結果，使最接近人們心靈的歷史，成為遙遠且索然乏味的夢魘。

歷史不應是記誦一堆年代、人名、條約、專有名詞的垃圾，歷史是活的，歷史是聯結現在與過去的科學，是人本教育的基礎。[1]

1. 歷史可以讓我們認識自己的過去，歷史是個人最寶貴的生命歷程，柳詒徵說：「以前人之經驗啟發後人之秉彝，惟史之功用最大。」緬懷過去，瞻望未來，你也可以寫自己的歷史，擁有自己的歷史。

2. 歷史是環境的科學，家族與社群、民族與國家，歷史意識攸關著認同意識的強弱，認識自己的生存環境，才能愛家、愛國。

3. 歷史是知己知彼的利器，談外交須從瞭解對方歷史著手，入境隨俗有賴於對歷史的瞭解，經貿往來需明白對方的歷史特

---

[1] 以下所列八項歷史的功用與弊害，參見杜維運《史學方法論》第十九章，台北：華世，1979.2.，頁 307-322。

性，一地之長認清一地之事，方能行事順遂，至少可以讓你了解旅遊地的風俗文化吧！

4. 歷史可以讓我們啟迪思想、增加智慧，累積歷史經驗、歷史知識，智慧油然而生，思想因而豐富。司馬遷說：「究天人之際，通古今之變。」就是這個道理。

5. 歷史可以讓我們鑑往知來、知所警惕，司馬遷說：「居今之世，志古之道，所以自鏡也。」劉知幾說：「春秋成而逆子懼，南史至而賊臣書，其記事載言也則如彼，其勸善懲惡也又如此。」名留青史或遺臭萬年？是歷史自發的功能。

6. 歷史可以讓我們有心靈上的寄託，閱讀歷史使我們能神遊於萬古之上，增加想像的空間，歷史提供了我們生活的素材、可以是我們相互討論的題材。

歷史給與我們智慧，給與我們經驗和教訓，我們也因歷史知識而豐厚了生活，滋潤了心靈，然而歷史也有其負面的功能，也能帶來浩劫與悲劇：

1. 歷史可以是政治的御用工具，當政治的野心家以歷史為宣傳、教育的工具時，盲目的愛國主義、選擇性的歷史宣導、扭曲的歷史意識、乃至編造的歷史事實，終將誤導無知的民眾以訛為真，陷入政客所設定的陷阱。

2. 歷史使命論導致人類悲劇的再生，過度渲染愛國主義的歷史作品，易使法西斯抬頭；人種及民族優越論的強調，易使侵略的帝國主義萌生；歷史理論的實踐，產生了類似共產主義世界的悲慘實驗。

人是歷史的動物，無法自歷史中跳脫，讀史需自關懷本土為起點，以世界的視角來看待歷史，如此，讀史方能突破自我侷限的設定。

1-1.4　讀史的層面

打開心內的門窗，就會看見美麗的風景，讀史的層面第一步就是要先關懷本土，站立於斯土斯民的立場，始能推己及人；進而設身處地，發揮歷史想像，撥雲見日；褒貶歷史人物時，常存寬恕之心，切忌以「絕對值」妄為評斷。

歷史著作藉由史家之手完成，應屬信實，然而一如前文所述，仍難避免闕漏，所以，我們在觀察歷史現象時須注意幾個現象：

1. 浮面現象／歷史記述往事，作品所呈現的即浮面現象，眾說紛云中，立場與價值觀的差異，常使歷史作品在敘述同一往事時，南轅北轍；例如：日本殖民統治台灣時期，以中國的民族主義觀點而言，說那是「日據」時期，不肯屈就史實地接受「日治」時期的說法。如何跳脫似是而非的歷史敘述？就從揭開歷史的浮面現象開始。

2. 現象挖掘／潛藏在歷史作品中的暗角、疑點，每因作者的忌諱而有所隱匿，或因史料的欠缺而語焉不詳；例如：白色恐怖時期，蔣經國在政策制定與執行上扮演何種角色？二二八事件中蔣介石的歷史功過如何？合理的推論可彌補史料欠缺的遺憾。

3. 結構分析／史料是歷史學的基礎，文章架構則關係著歷史作品的完整性及其嚴謹與否，歷史既是往事的重現，那麼每一歷史案例都應涉及當時的政治、經濟、社會、文化等諸般條件，不能憑空推論。

4. 深層解釋／多面向的觀察，歸納、綜合歷史作品的內涵，作出合理的解釋，歷史作品方能有其意義。或以哲學、社會學、政治學、經濟學理論來活絡歷史的生命，並賦予其意義。

1-2　古文明的奧秘

　　你出去旅遊過嗎？當然，或者將來吧！國外還是國內呢？

　　赤崁樓的樣子如何？羅馬競技場的圖樣簡單明瞭，中國的城牆好像都一樣，埃及金字塔為什麼都在尼羅河西岸？莫斯科紅場與北京天安門廣場有什麼共同特質？歐洲的古蹟為什麼教堂與城堡特別多？

　　你能想到這些，就是碰觸歷史的開端，勇敢地去翻查資料，就是進入歷史的堂奧。如果，我們能對歷史有著普遍的認知，那麼在旅遊過程中是不是能有更深層的體會呢！

　　總該會有歷史映像被導引入你的視野，是距離現在二千年的遠古建築，也許是新近一百年的府邸，匆促間走過，拍下照片彷彿是我們所能作的事，然而，我們是否也該對拜訪過的史跡有所認知呢？否則觀光了又如何！

　　人類從有歷史到現在留下的歷史遺跡，有多少？難以估算吧！

1-2.1　世界遺產

　　二次世界大戰後，由於戰爭、災害、工商業發展等因素，使聯合國教科文組織（UNESCO）開始擔憂，歷史遺產被毀損的速度，乃於 1972 年在巴黎的第 17 屆會議上通過《保護世界文化和自然遺產公約》，首度界定世界遺產的定義與範圍，希望藉由國際合作的方式，保護世界重要遺產。至 2005 年 7 月止，締約的國家已達 180 個國家與地區，共有 812 處世界遺產地（World Heritage Sites）分佈在 137 個國家中。世界遺產依其類型可分為文化遺產[2]（Cultural

---

[2]　文化遺產包含文物(monuments)、建築群(groups of buildings)與遺址(sites)。
　　文物：從歷史、藝術或科學角度看，具有突出、普遍價值的建築物、雕刻

Heritage）628 項、自然遺產[3]（Natural Heritage）160 項、兼具兩者特性之複合遺產（Cultural & Natural Heritage）24 項、2001 年新增「口述與無形人類遺產」[4]（Proclamation of Masterpieces of the Oral and Intangible heritage of Huma-nity）。

　　近年來，世界遺產的概念與實踐雖不斷在發展，但是歷史遺產被毀損的事情仍所在多有，最著名的例子是在阿富汗巴米揚山谷（Bamiyan valley）具有 1500 年歷史的世界最高石雕大佛，神學士塔利班政權竟以它不屬於伊斯蘭文化為由將之炸毀。2003 年，美國攻打伊拉克的戰爭，伊拉克博物館中的「美索不達米亞巴比倫文物」，在眾目睽睽下，被洗劫一空，令人浩嘆。

　　相對的，登入世界遺產名錄，不僅意味著受到國際的認可，也將提高國家的知名度，山光水色、城鎮街坊，因而聲名大噪，帶來

　　　　和繪畫，具有考古意義的成分或結構，銘文、洞穴、住區及各類文
　　　　物的綜合體。
　　建築群：從歷史、藝術或科學角度看，因其建築的形式、同一性及其在景
　　　　觀中的地位，具有突出、普遍價值的單獨或相互聯繫的建築群。
　　場所：從歷史、美學、人類學或民族學角度看，具有突出、普遍價值的人
　　　　造工程或人與自然的共同傑作、以及考古遺址區域。
[3]　自然遺產具有以下特徵之一：
　　（1）此地必須是獨特的地貌景觀（land-form）或地球進化史主要階段的典
　　　　型代表。
　　（2）此地必須是有重要意義、不斷進化中的生態過程或必須具有維護生物
　　　　進化的傑出代表。
　　（3）此地具有極特殊的自然現象、風貌或出色的自然景觀。
　　（4）此地有罕見的多樣性生物和生物棲息地，依然存活，具有世界價值並
　　　　受到威脅。
[4]　具有特殊價值的文化活動及口頭文化表述形式，包括：語言、故事、音樂、
　　　遊戲、舞蹈和風俗等，例如摩洛哥說書人、樂師及弄蛇人的文化場域、日
　　　本能劇、中國崑曲等。

觀光旅遊的經濟效益，中國的九寨溝、麗江古城就是顯例，西班牙更因此每年從全球吸引了六千萬遊客，消費金額高達 250 億美金。

　　當然，選出世界遺產的目的不應純商業考量，而應是讓人們珍惜、保護這些祖先們留下來的文化、自然遺產。

1-2.2　解開歷史密碼

　　教科文組織所列舉的 812 個世界遺產[5]，你知道幾個？為什麼沒有台灣？（抗議！真的該抗議，台灣的歷史古蹟或許不夠老，太魯閣峽谷總該可以吧！）

　　我們就以它條列的文化遺產名錄，擇取一部分來分享歷史吧！

　　英國的坎特伯雷大教堂、威斯敏斯特宮、羅馬帝國的邊界、格林威治。

　　法國的聖米歇爾山及其海灣、巴黎的塞納河畔、凡爾賽的宮殿和園林、阿爾勒的古羅馬建築和羅馬式建築，荷蘭的金德代克—埃爾斯豪特的風車群。

　　德國的科隆大教堂、波茨坦（無憂宮）和柏林的宮殿、漢薩城市盧貝克、施派爾大教堂、古典威瑪，奧地利的申布倫宮殿和花園、薩爾斯堡城，捷克的布拉格歷史中心，匈牙利的布達佩斯多瑙河岸。

　　俄羅斯的聖彼得堡、莫斯科的克里姆林宮和紅場，波蘭的華沙古城，烏克蘭的基輔的聖索菲亞大教堂。

　　西班牙的格拉納達古城及阿爾漢布拉宮、塞維亞的大教堂，葡萄牙的波爾多城，義大利的佛羅倫斯城、威尼斯及其潟湖、龐貝考古區、比薩大教堂廣場、聖吉米格納諾城，梵蒂岡的羅馬，希臘的雅典衛城、梅泰澳拉修道院。

---

[5]　參見聯合國教科文組織 http://whc.unesco.org/。

　　美國的自由女神像、墨西哥的烏斯馬爾古城、古巴的哈瓦那古城，瓜地馬拉的蒂卡爾國家公園，海地的桑蘇西和拉米爾斯，秘魯的納斯卡和胡馬納大草原的巨畫，巴西的薩爾瓦多舊城。

　　埃及的孟菲斯及其墓地（從吉薩到代赫舒爾的金字塔區）、伊斯蘭城市開羅、從阿布辛貝到菲萊的努比亞遺址，突尼西亞的迦太基遺址。

　　敘利亞的巴爾米拉遺址，以色列的耶路撒冷古城及其城牆，約旦的佩特拉城遺址，葉門的薩那古城，伊朗的波斯波利斯遺址，尼泊爾的加德滿都谷地，印度的泰姬瑪哈陵、卡久拉霍古跡群。

　　日本的姬路城、古京都的歷史遺跡，韓國的海印寺及八萬大藏經藏經處，柬埔寨的吳哥窟，越南的順化皇城，印度尼西亞的婆羅浮屠寺佛塔，中國的長城、秦始皇陵及兵馬俑、北京故宮、蘇州古典園林、麗江古城、龍門石窟，西藏的拉薩布達拉宮。

　　一長串的國家與史跡名稱，一時間，使我們難以弄清他們之間的歷史關聯，可是我們知道，如果簡單的把歷史分為歐洲文明、美洲文明、亞非文明、印度文明、東方文明，就可以得知它們在這幾個文明中的歷史位置。反過來說，如果你對歐洲歷史發展有著清晰的概括的認知，那麼要解開這些文化遺產的歷史密碼，也就相對地脈絡分明。

1-3　歷史顯影

　　以文字敘述一直是歷史的主體，然而，讓「史料說話」又是如何？隨著科技文明的發展，照片的拍攝已有百多年的歷史，相對的，我們也發現，經由照片更能讓讀者貼近歷史，聲音與影像的剪輯是否也將成為未來歷史學的主流呢？

　　文字以外的歷史材料，總是能生動地串起閱讀者的興趣，也總讓人有著一股一探究竟的慾念，可是如果欠缺妥適的文字旁白，卻也常讓閱讀者望洋興嘆！

　　一張泛黃的照片平躺在桌面上，它告訴我們什麼訊息？靜默地讓觀看者自行去發現歷史：是歲月、人物的故事。

　　一紙舊地圖攤開在面前，它指引著的不是現在的路向，今天它還能表達何種風情？能透露什麼資訊給我們？是的，聚落變遷。

　　一本裝幀拙樸的書，展開之後，它吐露出什麼心事？一張容易碎裂的報紙被誰保存了下來？

　　一頁陌生的曲譜，已經沒人再去彈唱，是誰寫下的曲譜啊！它的背後，吟唱的時代旋律，有著什麼樣的一段歷史呢？回到過去，我們是否也能體會當時人唱歌的心情？

　　歷史就存在這裡！看似平常的事物，不起眼的在我們的周遭飄盪，時時散發著歷史的馨香，我們太習以為常了，以致忽略了歷史就在這裡；稍一用心，它就顯影出來。透過照片、地圖、歌曲乃至零碎的物件，我們很快地拉近與時空的距離，文字的敘述，有時候反不及圖片來的直接、驚心、動人，相對的，一幀舊照片如果沒有適當的文字說明，也難以吐訴歷史的滄桑，這文字的說明正也是歷史的敘述，沒有豐厚的學養，要如何去講出照片背後不為人知的感人故事？

第二章

歷史的原野：歷史的聲音

2-1　活在當下，往前追索

　　從世界遺產的簡單列表和影像觀賞後，修築的時期、修築者、目的與功用、歷史背景，應該是探究的項目，除此之外，你發現到什麼？

　　什麼是哥德（Gothic）式建築[1]、巴洛克（Baroque）式建築[2]？法國的巴黎聖母院、亞眠主教堂（中廳寬 15 米，拱頂達 43 米）就是哥德式教堂的代表作；巴黎凡爾賽宮是巴洛克建築的代表作。台灣也有類似的建築嗎？[3]而羅馬競技場上發生過多少可歌可泣的事情？

　　同屬基督教信仰圈的法國、義大利、俄國，他們的的教堂風格大異其趣，是因新教、舊教、東正教的信仰分流使然，還是因地理

---

[1]　哥德式建築起源於 1140 年法國的聖德尼修道院，是 13～15 世紀流行於歐洲的建築風格，哥德式建築在結構上有三項特徵：尖拱（pointed arch）、拱肋（vault rib）和飛扶壁（flying buttress）（傾斜的拱壁）。強調垂直向上、輕盈修長的獨特形式；再加上彩色玻璃窗戶，將光線在宗教上的神秘感表達出來，哥德式的雕刻都是附屬於建築，特別是教堂的建築，其人物造形纖瘦修長是受拜占庭的影響。

[2]　巴洛克建築是 17～18 世紀在義大利文藝復興的建築基礎上發展出來的建築風格，特點是自由的外形，動態的表現，強烈的色彩，富麗的裝飾和雕刻。

[3]　新竹的湖口老街有保留近百年歷史風貌：傳統的長形街屋市集、紅色磚瓦的閩式屋身，連貫的巴洛克式圓拱走廊、女兒牆上精緻的雕花、立面牌樓上的交趾陶剪黏裝飾。

區位的關係，受到不同歷史流變的因素所使然？英國的哈德連長城與中國的長城雖是小巫見大巫，卻也能窺見羅馬帝國與秦漢帝國（正確的說是明帝國）異曲同工之妙，防衛功能一直被認為是修築的因素，果真如此？崇山峻嶺本就是天然險阻，何以還須將城垛堆砌其上！強國無疆界和長城的使用似乎有著反比關係。

巴黎、維也納、聖彼得堡的皇宮，簡直就是一個模子的翻版，壯麗的宮殿是否也該讓你想起路易王朝、哈布斯堡王朝、彼得大帝，他們的時代，在三個國家的歷史裡各自有著何等的位階？

遙遠的中南美洲，洋溢著拉丁風情，巴西聖保羅的嘉年華舉世皆知，世人似乎忘了印地安人的存在，印加帝國的文明彷彿也只能在歷史塵埃中繼續掩埋，曾有高度文明的區域何以寥落至此？誰來解謎？

從巴黎飛向莫斯科、飛向北京，從凡爾賽宮的庭園到克里姆林宮的紅場、到天安門廣場，一個比一個大，這透露何種政治訊息？是專制、獨裁的體制與空曠的廣場有著密切的建築關聯吧！

這些東西、那些事物，在我們的家鄉台灣可有似曾相識的影像？

2-1.1 天馬行空

站在紐約或者阿姆斯特丹的國際機場入出境大廳，熙攘的人群讓我們觀察到什麼？看到跟我們不同膚色、不同語言的種族：有著鬈曲黑髮、棕黑皮膚、扁平的鼻子，寬闊的鼻孔，嘴唇厚而凸起的黑人。身材短小黃皮膚、有著平直的黑髮、鼻孔略略上翹的鼻子、突出的顴骨、眼角向上的眼睛的東方人。有著淺色皮膚、金髮、碧眼組成的金髮白人，有著黝黑臉色、明亮的黑眼睛和黑頭髮的黑髮白人。人類的種族共有多少？如何區分呢？是在什麼原因的影響下，不同的種族形成了各不相同的頭顱型式，形成了各自不同的膚

色和髮色？同樣的道理，有近千種不同的語言在地球上發聲，某些語言在語法和詞彙上有著相似性，可以說明是源起同一種原始語，而使用這些語言的族群就可被歸類為同一語族，例如拉丁語原是羅馬地區的語言，隨著羅馬帝國的擴張，取代了許多地方原來的語言，也都發生語隨境遷的變化，分出義大利語、西班牙語和法語。

　　人類學家在追索源於古代的歷史問題，知道技術、科學和政治制度起初是在很簡陋的狀態下發展，隨著時間的流逝，它變得更為合理化、系統化，安排或組織也更為完善，逐步發展到文明的高級狀態。當然，文明永遠是處於不斷向前發展的變化之中，然而，歷史也告訴我們文明也有長期停滯不前、甚至稍有後退的現象，當人們發現高級的文明產品不適宜於他們時，或者，文明較為興盛的民族被毀滅、被趕出家園時，文明也會倒退、喪失。

　　從埃及和巴比倫的文獻來看，六千年前，某些民族就已經進入了高度的文化狀態，宏偉的金字塔（Giseh）至今仍然被認為是世界奇跡之一，由方形的、巨大的石灰石、黑花崗石石塊建構而成的金字塔，有著精巧的內部大庭和走廊，表現出的不僅是石匠技術，也是幾何學家實用的技術，金字塔底座的基本方位，更精確地證明古埃及人是天文學的傑出觀察者，然而文明的過度早熟，也使埃及人的文化發展呈現固定化、傳統化，導致任何改造、變動的進行，都是犯忌的行為。這樣的情形，在東方的中國也似乎有相似的現象，經歷春秋戰國時代文化發展的黃金時期，漢朝時儒家學派被定位於至尊後，中國文明的進程似乎也隨之停滯不前。

　　所以，我們去西安的城頭遠眺黃沙滾滾的絲路、去八達嶺感受萬里長城百年、千年的靜默，霍去病、班超、張騫、蘇武、衛青這些人，「葡萄美酒夜光杯，欲飲琵琶馬上催，醉臥沙場君莫笑，古來征戰幾人回。」詩人王翰寫出了豪邁和悲涼之情，讓人迴腸盪氣，

兩千多年前的司馬遷為了替李陵擔保而受罪，太史公是否也曾站立城頭「哭喊自由」，從敦煌走過的商旅們和玄奘交錯而過、和馬可波羅並肩而行，印度的佛教文明就在這千里路程後、寧靜地改變遠東社會，甚至透過文成公主顛覆了吐蕃王國，化身成喇嘛教讓蒙古帝國成為匈奴人後代永遠的歷史回憶。千里路程後，蒙古黃金帝國建構出來的天堂中國印象終於在兩百年後的十六世紀引來西班牙、葡萄牙的「發現之旅」，世界史「開始了」。

當美國的培理船長用大砲打開日本的大門後，明治天皇在德川幕府的退讓下改變了劣勢，一躍而成為今世的強國，一代豪傑的德川家康在掌控日本天下後，恐怕也無法逆料身後兩百年的歷史必然。當 SONY、TOYOTA 橫行全世界之前，歐美國家怎麼也不相信「白種人的負擔」的東方人有超越他們的一天，全球各地的市場裡，到處堆置著 Made in Taiwan（或是 Korea）的電腦商品、來自 China、Tailand 的廉價品（劣質貨），歷史的主導權是否也開始轉向到東方世界了呢？「他們是怎麼做到的？」當然也就成為西方社會學者、政治學者、歷史學者共同專注的研究主題。

日本這個國家在他以軍國主義擴張其帝國的過程中，深深地傷害了有長久歷史、相對的有強烈自尊的中國，「排日、反日」的意識深植中國人的心中，當然也就在他們渴求日本資金投注其經濟發展中有著極大的矛盾。相反的，被轉換主權的台灣卻在新興的日本帝國的殖民經營下朝向現代化的路途，依理，戰後台灣應與朝鮮一般極力擺脫日本的歷史藩籬，然而二二八事件及其後統治者的威赫統治，反而讓台灣人對日本有著曖昧的情感；這樣的歷史結果映照在我們當今的社會，你就會看到「中國立場」與「台灣立場」的兩種人，在碰到與日本歷史相關的議題上針鋒相對。

　　台灣經驗裡，我們無法排除國民黨統治後種種施為的生命痕跡，因為我們活在當下，一樣的，我們也無法拋去日本台灣總督府在這塊土地上五十年經營的生命痕跡。

　　往前回溯自己這塊島嶼的歷史：陳永華苦心經營東寧王國，也無法避開鄭家的權力鬥爭；林爽文及戴潮春引發的分類械鬥，牽引著霧峰林家的發展；板橋林本源家族在兩次的政權移轉過程中，如何成功地避開災難？江文也這傑出的音樂家，台北出生、廈門成長、東京求學、北京終了，我們總是要在歷史的夾縫中才能把他挖掘出來，類似的例子還有多少？

　　往前追溯，站立之地，五十年前的景觀如何？黨國體制的威權社會裡，充斥著肅殺的氣息，台灣文學之父賴和、革命家蔣渭水這兩位醫生，反抗過殖民統治後，歷史給他們了何種定位？或者也成為當前政治鬥爭者供桌上的祭品！在反共抗俄的旗幟下，五、六○年代的人們接受黨國思想的教育，因而忌諱家人談論或參與政治，然而，現在你卻常發現你的長輩們出現在競選造勢的場合，隨著吵嘈的哨聲搖旗吶喊。

　　站立之地，百年前是如何？誰在這裡生活？

　　站立之地，數百年前呢？我們為何居住在這個村莊、城鎮、都市？是誰如蒼狗白雲般冷眼看著歷史的進程？

　　往前回溯這塊島嶼的歷史，點點滴滴，你還可以列舉更多，比如隔壁遠房的舅公曾經莫名其妙的受難於「白色恐怖」，或是第七村的向爺爺從湖南老家「回來了」。用歷史回溯法，雖然有點散亂，卻似乎較能激發起我們自由的聯想，感覺到生命的延續。

2-1.2　歷史的原野

　　回家，多麼自然的一件事。

　　北京話說：「我回來了」，客家話說：「崖轉來哩」，福佬話說：「阮轉來啦」，不同族群有不同的「回家方式」嗎？漢族語系的時間分流，使出自漢朝語言的福佬話、出自唐朝語言的客家話和近代語言的北京話有著雞同鴨講的現象，北京話由於政治力的操控已成為優勢語言，使一般人錯認客家話、福佬話是劣等語言，而有不屑學習的心態。攤開歷史之門，才恍然察覺切合時代的語言可是解開歷史的鎖鑰，用福佬話讀史記、用客家話吟唐詩，正是別有一番滋味在心頭呢！

　　回到古老的、傳統的台灣家屋，一條龍如何變成三合院？屋由房構成，房中有室，你能從這兩句話來談論傳統的家族發展體系與三合院衍生而成的氏族聚落嗎？「房」與「室」還有什麼特別的涵意？從繼承法則上看、從男婚女嫁的民俗上看，傳統台灣家屋的學問還真大呢？從簡單的家庭住居發展到五代同「堂」的族聚，住屋的基本型模仍是三合院，你回的家是不是這麼大的家呢？

　　站在家園的大門口，向外望去，裊裊的炊煙在鄉間的屋瓦上逸出；或者，雜遝的車水馬龍才是你看到的景象；遠遠的青山、悠悠的白雲，慵懶的約你散步；或者，急促的公車、待發的機車，急急催你上班；對了，你是到「府城」的「草地」上學（糟糕，台南何以大家都叫它府城，草地？啥意思？）。

　　停下腳步吧！週遭的人與你說同樣的語言，穿類似的衣著，有著類似的生活步調，你我他有著何種關聯？

　　初到南台科技大學，總是要問：在哪裡？找來台南地圖，好不容易看到公園路、六甲頂，從後門（總誤以為是前門）進入學校，順著斜坡找到教室，然而，攤開地圖的時候，你可曾注意到奇美醫院旁的一條小溪？那是被嚴重污染的柴頭港溪，340 年前，

這河可也是船隻行靠的所在，是鄭成功登陸[4]台南的地點之一，原來，我們距離荷鄭時期台灣史這麼近，或許，鄭氏大軍就駐紮在南台的校園呢！

攤開地圖，公園路與西門路、中正南路交會點往北走，過兩個橋，橋下一個是鹽水溪，另一條呢？是嘉南大圳，這條被李登輝前總統比喻總長度不輸萬里長城的灌溉溝渠是誰設計的？是「台灣人」八田與一[5]，往七股的海岸平原走去，一邊蔗田，一邊鹽田，這樣的景觀在六十年以前就是如此了，蔗農與鹽民的辛酸血淚不也是被殖民的歷史體現！來到北門地區，這個與學校董事會多數成員息息相關的區域，被稱之為鹽分地帶，至今吳三連史料基金會仍每年在這邊的南鯤鯓廟舉辦鹽分地帶文藝營，而這廟係屬「王爺信仰」，有迎送王船的習俗，可知燒王船的宗教儀式能與「瘟疫」牽扯出什麼樣的歷史情節嗎？

循著地圖上歪歪斜斜的道路，你找到了安平古堡、赤崁樓、孔廟、國家文學館（台南州廳），不小心就走在府城大街（民權路：荷治時期的普羅民遮街）上了，在這生活節奏緩慢的城市，歷史離我們很近！

4　「《梅氏日記》一開頭便記載一六六一年四月三十日，禮拜六，他看到鄭成功的船隊駛入台江內海，其中一部隊從距離赤嵌城樓（Provintia）約十五分鐘路程的柴頭港（Zautecang）旁之磚瓦窯登陸。這兩個地點，經多人考證，大致可判定在台南市內開元寺及南台科技大學一帶，地點近永康市。《梅氏日記》再度反映鄭荷首次陸上對陣，有兩三處，地點絕非赤嵌樓近旁，場景包括台南縣市。」（翁佳音〈鄭荷戰史補遺：江樹生譯註《梅氏日記》的迴響〉，《歷史月刊》187 期）

5　八田與一，1886 年生於日本石川縣，1920 年規劃興築烏山頭水庫與嘉南大圳歷時十年，嘉南平原五千公頃的水田因而增加為十五萬公頃，對台灣農田水利事業之貢獻，無人能出其右，是為嘉南大圳之父。

　　某一年的冬天，我躺在東門城附近的新樓醫院加護病房等待手術，這個由傳教士馬雅各牧師在 1865 年所創辦的醫院，從校牧室來了兩位牧師為我這個異教徒禱告：祈求仁慈的天父賜我力量、祈求主耶穌讓我能在我的志業上繼續為台灣這塊土地奉獻。這讓我思索起四百年來在台灣歷史上犧牲奉獻的傳教士們，還有敢於向不義的政府抗議、呼喊台灣獨立的長老教會。幾個畫面飄然而過：新港社的西拉雅族人接受了福音、開始用羅馬字書寫自己的語言，在寫字房裡編寫台語字典的甘為霖牧師，淡水的馬偕牧師，還有我童稚時期常去拜訪的謝省躬神父。在你的生活裡是否也有與我相彷彿的基督教「邂逅」呢？

　　躺在病榻，不期然的喚起我童年時的另種經驗，叔伯們為多病的父親從柯樹坪請來慚愧祖師公為他們的兄弟消災解厄，乩童在神案前揮劍起舞、喃喃自語，手持大把火旺的香，不時從躺在竹床上的父親的身上晃過，親朋們環繞四周虔誠地祈禱著，最後留下「神賜」的符紙要病人服下，我想在你的生活裡應該很容易見識到類似的場景吧！

　　隔壁阿卿的媽媽聽說是平埔族的「尪姨」，也會用菅草驅邪，不過我無緣見識；住觀音樹湖的遠房姑丈公也是平埔族，然而我從來不曾察覺他的孫子，也是我的同學，與我有何不同，是社會的力量把他們自然掩飾的很好嗎？你是否也察覺你「隱藏」在福佬同學間，卻從來沒人質疑過你是客家人？距離現在更早前的西拉雅族在「漢化」後，他們的阿立祖信仰及祭祀文化，也參雜了福佬人的民間信仰，當然也把他們的文化自然地滲入了福佬人的傳統習俗，我們一樣沒有感覺。

　　九二一大地震，給我的故鄉南投帶來前所未有的災難，慈濟功德會救援的力量深入到多個角落，也把他們宗教力量延伸進來；十

多年來我們看到入世化、企業化的新興佛教的藍色志工，不斷「達陣」，台灣的社會文化也在佛教的澎湃浪潮下，全民「感恩」；透過擴音器，連躺在病床上的我，也難逃那擾人清夢的、連續播放的誦經聲。

生老病死是生命的過程，然而在不同社群的文化發展中，卻也有著相當大的差異，以此做研究，現在流行說是「生死學」，而「生命禮儀」志工也逐漸取代原有的「媒介者」的職銜。

宗教與民間信仰的精神撫慰力量的確是驚人的，神明過境的平安祭拜常有萬人空巷的光景，就是例證。然而，我們要去思索的是，這種信仰文化在你的生活區域裡有著什麼樣的特色、表現與歷史傳承，而這宗教的力量在我們居住的空間中，又曾推動、引導、改變了城鄉歷史的哪些發展？相對的，從宗教、民間信仰的社會變化中我們又可以認識到什麼？

我想，引領大家進入歷史領域的捷徑，就是自身週遭的家園景觀吧！從我們自身成長的鄉鎮作鳥瞰式的歷史認識開始，再到自身居住的村莊里鄰部落的歷史挖掘，使我們在往前追索的過程中，更能貼近歷史的脈動。

2-2　圖像、聲音、文字、情感

從家園、從鄉村、從聚落的一角出發，我們不用刻意的去尋找，歷史的素材就在你唾手可得的地方，在簡單的回想動作裡，在觸目所及之處，在與父母兄姐、厝邊隔壁的閒談裡，在你經常走過的巷道，在斜躺路旁沒人理會的石碑上，在焚香祈福的寺廟，只要你有心，家園的歷史長廊就會在眼前展開。

2-2.1 傾聽歷史的聲音

　　靜下心來，傾聽歷史的聲音，那是斷斷續續地、微微弱弱地，傳來的土地呻吟，搜尋的過程當然不如人意，斷簡殘編也是意料之中，然而這歷史的拼圖總該有人起頭，因此，我也嘗試著開始撰寫家鄉的歷史，我在《鹿谷茶飄香》[6]一書所寫的跋，訴說家鄉的歷史和我的連結：

> 美麗鹿之谷，我的家鄉，是我情有獨鍾的人間淨土，那裡不僅是溪頭的山林景色優美，鳳凰谷的眾鳥合鳴悅耳，那裡有山有水，幽遠深邃的綿綿青山，彎曲繚繞的潺潺溪水，幾多美景，佈滿在鹿谷鄉的高山、丘陵、台地、湖泊、溪流與河谷。迂迴小徑裡有著傳奇故事，山谷深林藏著世外桃源，茶園飄香，竹林搖曳，霧色淒美得令人發愁。

> 這些景色，怎能不進入我的文學領域。

> 午夜夢迴，車軼寮舊街傳來失去的、久遠的聲音、泛黃的影像，沉浸多年的記憶啊！一個個跑進夢裏，我彷彿還奔波於殘留兩支鐵軌的廣興橋上，彷彿我仍在往小半天中途、北勢溪旁的五甲山上採青梅，很快地又留連於濁水溪的沙洲，乘坐擺盪的流籠，彷彿正和國中同學散步於白葉林，走到大水堀，換成是高中同窗同我高歌、撐篙掌筏於麒麟潭上。

> 這些記憶，是不是該趕快記下來？

---

[6]　林柏維《鹿谷茶飄香》，〈我們忘了旅行是什麼？〉，頁148。

歷史的大坪頂，一直是我陌生的一環，生於斯、長於斯，自己故鄉的歷史怎麼那麼冷！試圖著尋訪，努力地拼湊，一些能夠重新建構鄉村歷史的材料，尤其是一個超過二百五十年歷史的前山第一庄，當然，我瞭解，歷史的建構與歷史一般需要時間，那麼就從己身、週遭開始吧！

用散文的格式抒發個人的觀感，在旁觀景點的進程裏，也試圖將歷史、文化蜿蜒帶入，用作家的心情切入尋常的山村，用文學的筆觸靈動風光明媚的好山好水，引發讀者的旅行共鳴，讓讀者藉此在旅行中，心靈的、精神的行囊滿載快樂，與我一同時時夢迴鹿之谷。

是呀！那失去的、久遠的聲音、泛黃的影像，沉浸多年的記憶啊！用筆寫下來，從周遭的人事物開始，「歷史就從我開始」。至於久懸的疑問、歷史的空缺，就先讓它擺著，或者用歷史學的方法去解釋、修補。

2-2.2 觀看歷史的臉譜

和土地、人民連結的照片，是歷史的還魂丹，一幀五十年前的照片（當然是泛黃的黑白照片），被拍攝的人是誰呢？人像背後的景色是如此熟悉，卻又是哪裡？人事全非，最能說明觀看相片時的心情，找來更多的人觀看後，便串出許多不同的故事，有些故事幾近道聽塗說或者自編自導，一時不查，我們可還真容易掉入五里霧中而不自知。

在我成長的過程中，有一位來自美國的神父謝省躬，他當然是台灣人，他與我們一起在這塊土地上呼吸，我們都知道：他用

照片寫我們的歷史，卻都忘記了他是來傳教的。那麼，謝省躬是誰呢：[7]

> 謝省躬神父，美國俄亥俄州人，生於一九〇六年，二次大戰時服役於飛虎隊，戰後返美接受神學教育，旋於一九四六年奉派到香港學習粵語，一年後到廣西之梧州、柳州、南寧等地傳教，一九四九年未及離開中國，遭中共拘捕下獄，等到國際特赦組織營救來台，已是一九五五年。

> 謝神父在彰化田中短暫停留後，即回復其傳教志業，到竹山創立天主堂，一九五六年，來到車輄寮，也開啟他做為鹿谷人的新生活，足跡所到之處，不僅福音傳布，也以相機留下歷史影像，用照片幫我們寫歷史。

> 詩人林彧，在二十年前拜訪過他後，以〈異國神父〉為題，鮮活地勾鏤詩人心中的神父印象：「謝神父算不算是稱職的神父呢？他玩摩托車、相機、棒球，這和我在都市中見到的神父多麼不同，他們衣著整潔、表情肅穆、言語高尚，而謝神父的白衫領口常會出現一圈黃垢；他有時嬉笑隨和，有時皺眉發楞，偶爾會啐兩口髒話。他算不算是位好神父呢？我想到他那怪里怪氣的美腔台語：嗄──那沒要緊啦！每每他聽完了鄉人誠惶誠恐的告解後，他在遮幕後便是這麼輕易地回答著。

> 他的摩托車是全鄉第一部，二百西西的，引擎發動時像火車要開了；我們喜歡找他拍照，他沖出的照片十分清晰又是大

---

[7]　林柏維《鹿谷茶飄香》，〈鹿谷影像謝省躬〉，頁 66-69。

張的，最重要的是完全免費；少棒隊第一次在美國贏得世界冠軍時，他又把教堂前的空地闢為棒球場，還提供了全套的棒球設備。此外，他設教室免費教授英語，在教室下的空房擺了兩檯乒乓球桌，在晒穀的水泥場上劃了許多曲線讓年輕人學習摩托車。」

誰上教堂呢？把二分之一的生命投注在這塊土地上，無怨無悔的謝神父大概會回答我們：「管他的！」

誰上教堂呢？其實每個廣興人都上教堂，宗教信仰「管他的！」謝神父在這一塊土地上和我們一起呼吸，一起喜樂，超越了教會的藩籬，超越了國族的區隔，他，是道地的台灣人。

午夜夢迴車軼寮，泛黃的老照片裏沒有謝省躬，卻張張都是謝省躬。

　　謝省躬神父也許只是喜歡拿起相機、按下快門，然而他何必去拍與他、與傳教無關的照片？他拍的是感情自然流露的市井小民，是斯土斯民的山水，關懷之情洋溢在每一幀照片中，也無意地把歷史「留真」了！
　　由於照片震懾人心的威力，解說歷史的強度，近二十年來，有愈來愈多的有心人開始蒐集，這是令人欣悅的事，然而令人憂心的是「懷璧之罪」、「待價而沽」，尤其是著作權法施行後，連帶的也「輕易的」拉遠我們觀看歷史臉譜的距離。

2-2.3　閱讀歷史的生命

　　到赤崁樓的時候，你是走上樓去觀賞風景的吧！赤崁樓最珍貴的歷史遺產應是被你踩在地底下的城垛，或者你也注意到了城旁一

整列的石碑，之所以引起你的注意，可能是石碑下一隻隻的石龜，至於那碑上寫著什麼，留給歷史老師去讀吧！

我成長的村落也有一個石碑，就在舊家的斜對面，我和它的感情一直停留在「躲貓貓」的遊戲裡，開始關心村莊史後，才真正認真地閱讀碑上的文字，然而，我並不是直接去讀碑文，而是讀被抄錄在書上的碑文，因為原碑早就毀損、棄置。從這碑我仔細推敲出村莊發展的輪廓，藉著碑文我重構這個村莊在 150 年以前的原始樣貌。

當然，歷史之外，我用文學之筆來寫「賢德可嘉」這個碑[8]：

舊家門口，過個馬路，四米多的石子路，就到了石碑所在。

石碑一直矗立在那邊，到了我讀竹高時也還在，後來，搬了家，村莊的馬路幾度開刀，變寬後，石碑也跟著消失，幾年前才聽說是因被車子撞斷，所以，搬到廣興國小旁的鄉立圖書館。

碑不見了，旁邊的那口井也因道路拓寬，深埋地底。

孩童們捉迷藏的好所在，家家戶戶汲水之地，就這樣子隨著村莊的現代化，一下子全消失於歷史之中；我，還來不及辨識碑上的文字啊！

從文獻資料裏找出前人抄錄的碑文，那端莊秀麗的楷書陰文，突然全跳到眼前，連碑蘚也淡綠色地爬到虛擬的影像中，那些字，一個個排隊似的走入我的視窗，那些字，我，摩挲過無數次，那些字，此刻竟然陌生的令我寒顫，猶如我依然

8　林柏維〈賢德可嘉〉，《自由時報》，2003.6.30.頁 39。

識字不多般，冷冷的嘲笑著我：趕快長大，書讀多了，就知道「我為什麼名叫賢德可嘉」。

讀大學時，讀台灣通史列女傳，始知，賢德可嘉四字係舉人林鳳池所題，碑文屬於墓誌銘，但因置於村莊所以屬於頌德碑，碑文由生員補訓導林大業撰書。

「北堂萱草蔭偏多，良禾高山望匪他；蕙帳恩膏垂雨露，蘭幃儀羽壯山河。」是對碑的主人翁許夫人傅氏之禮讚，因她守節撫孤，又能「剖情晰理、解紛排難」，醇朴的「坪頂人」無人不從。

算來，這一石碑從同治四年（1865）到現在已有138年，也就是說，我讀小學時的它已有百年歷史。我不敢說，這和我研究台灣史有什麼關聯性，也不敢大言不慚的說我們家三兄弟是否因此「耳濡目染」而走向文學之路？或者：我的母親余氏素賢與傅氏「寡守孤兒，識大道理；教子讀書，擇師慎友，得甄陶焉，遂成儒業。」較有「巧合」吧！

如今，不用再跨過馬路，賢德可嘉碑斷裂成四塊的軀體，靜靜地躺在鄉圖書館前面邊緣的樹下，任人踐踏，「賢德」二字更是杳無蹤影，斑剝的刻文逐漸隱身於苔蘚的侵奪之下，彷彿依然在「鳴咽」著：「坪頂之沐慈恩享安福者，可勝既哉。」現在的坪頂人怎麼忍心如此待它？更不禁令人唏噓：對面的廣興國小如何進行「鄉土歷史教育」？與之朝夕相處的鄉圖書館怎不汗顏？

車到下廣興，「賢德」不再。

人到上廣興，「可嘉」還能追悼。

閱讀碑文，不是只有文字的辨認，還有那冷冷的石碑和你對談的感覺，由於有著走入歷史的感情，因而能感受到歷史的生命。關於這碑與村莊發展輪廓的歷史重構，我寫在另一篇歷史文章裡，留到第五章〈小歷史、大歷史〉再出現。

2-2.4　感動歷史的心跳

回家，回到有歷史的家，用書寫的方式回家，回「我的家」，當然書寫的角度要改換，寫現在的呢？是台南的北園居，歷史的連結是開元寺[9]，歷史夠悠遠，可前溯到明鄭時期，往前推吧，我總共在幾個地方落過腳？台中、台北不能算，那是過客時期，再往前，是我生長的故鄉車軼寮，或者再往前推到父親的故鄉，產茶的聖地：凍頂，凍頂烏龍茶和我有著何等關聯呢？茶在歷史上有什麼特別記載？在中國宋帝國以後的歷史中，茶政與馬政可都是大事，那麼台灣呢？開港後的北台灣因為茶葉的外銷使其經濟地位凌駕南台，遂也在政治轉換中成為台灣的中樞要地，沒有「量產」的凍頂烏龍茶，雖然沒有這樣的歷史功效，但是它卻與我的「家」有著密不可分的關聯，飲啜一杯烏龍，總是讓我聞到故鄉的泥土芳香，想起〈凍頂茶傳奇〉[10]：

---

[9]　開元寺原為鄭經在 1680 年所建之鄭氏別墅，名為承天府行台（北園別館），俗稱洲仔尾庭園，1690 年被清政府分巡臺廈兵備道周昌改建為海會寺，1777 年改稱開元寺。

[10]　林柏維〈茶鄉三疊〉，《台灣日報》，2004.1.5.頁 23。

溪頭的杉林、鹿谷的霧色，瑞田的米香，鳳凰的山光水色，小半天的修竹雅徑，內樹皮的的孟宗竹筍，是鹿谷鄉傲人的自然資源，讓人留連，讓人忘返：美麗鹿之谷。

談及鹿谷，自然想起凍頂烏龍茶，茶湯金黃，色澤澄明，尚未細啜，縷縷幽香即撲面而來，輕酌淺茗後，杯盞留香，甘甜潤喉，醇香久久不息。

雖然唐朝時代的泡茶法是「煮茶」，茶仙陸羽在其《茶經》中即有煮水三沸之法，然而唐朝盧仝的〈飲茶歌〉：「一碗喉吻潤，二碗破孤悶；三碗搜枯腸，唯有文字五千卷。四碗發清汗，平生不平事，盡向毛孔散。五碗肌股輕，六碗通仙靈；七碗吃不得也，唯覺兩腋習習清風生。」仍可為品茗茶葉的圭臬，相信飲茶成癖者自能體會箇中奧妙，喜愛飲茶者而未入堂奧，也可藉此作為「武林密笈」。

傳統的凍頂烏龍茶，正是讓人得以體會盧仝飲茶七碗論的最佳茶品，一壺凍頂烏龍沖泡至七泡仍能溫存微香，餘韻裊裊，這也是凍頂烏龍之所以名揚海內外的重要因素。

談及烏龍茶，十九世紀中葉，我的祖父的曾祖父林三顯義助科考盤纏與舉人林鳳池回報烏龍茶苗，這凍頂茶緣起的故事，總是不能免的流傳於茶香四溢的沖泡之間，現在我們品茗的烏龍全都發源自三顯老祖宗栽下的那十二株種苗，栽種的地方可能就是我祖父留下的、面向大水堀的、土地公旁的那一畦老茶園。這一流傳鄉里的美談，在有限的歷史材料裏

雖無相關記載，然而如此美麗的傳奇故事，卻讓鹿谷人感到特別驕傲，讓凍頂人念念不忘呢！

至於凍頂茶的歷史記載，可上尋至清代康熙年間，一七二〇年左右，周鍾瑄《諸羅縣志》載有「水沙連內山茶甚夥，味別色綠如松蘿，山谷深峻，性嚴冷，能卻暑消脹，然路險，又畏生番，故漢人不敢入採，又不諳製茶之法，若挾能製武夷諸品者，購土番採而造之，當香味益上矣。」藍鼎元《東征集》記敘：「水沙連內山，產土茶，色綠如松蘿，味甚清冽，能解暑毒，消腹脹，亦佳品云。」黃叔璥《臺海使槎錄》則說：「水沙連茶，在深山中。眾木蔽虧，霧露濛密，晨曦晚照，總不能及。色綠如松蘿，性極寒，療熱症最效。每年，通事於各番議明，入山焙製。」這水沙連內山所指何處？按照倪贊元《雲林縣采訪冊》的敘述，當然就是凍頂山，如此，則凍頂遠在十八世紀初就產茶了，算一算竟有三百年的歷史，不過前三人都說得很清楚，這時期的茶是「土茶」，色綠如松蘿，與當今烏龍或早期凍頂「時茶」不同。

談及凍頂，倪贊元如是敘述凍頂山：「束脈聳起，山二、三里，高低不一，森然屹峙，明媚幽雅，巖頭時有白雲封護。居民數十家，自成村落，巖隈曲徑，多植茶樹。昔藍鹿洲遊臺，曾到沙連，稱此茶為佳品，謂氣味清奇，能解暑毒、消腹脹，邑人多購焉。」所記已是一八九〇年代的情形，凍頂村莊當然也不是形成於此時，從紀錄裏知道，一七五〇年代林伯朋（他是林三顯的祖父）就已開始墾拓凍頂，那時是否也開始植茶呢？或者，將原有之「土茶」加以人工培植？

談及凍頂，這個山上的聚落，是個兩姓聚落，庄子口姓蘇；
庄內靠大水堀山崖的姓林，他們都是我宗族內的親屬。「凍
頂人走過一段艱辛的路，從荒草小徑到碎石子路，以至目前
的柏油大道，凍頂人由赤足到四輪，從赤貧至富裕。這是凍
頂人的勤奮，鳳凰透光，人人都在茶園了；夜半輕霧，凍頂
人還在翻弄茶菁。四十年代，他們守著水田；五十年代，他
們種香蕉；六十年代，他們精研茶藝；七十年代，他們在茶
園四周採檳榔。」凍頂人後代林或如是記述。

在凍頂，現在幾乎每一人家都是茶農，靠馬路邊的就直接開起
店來，直銷自產茶葉，沒開店的？照樣一罐罐的上等烏龍等你
消費。在凍頂，男人們幾乎個個捲髮，一如他們所揉輾出來的
烏龍茶形；當然，凍頂人也有他們的堅持，農業機械化的今天，
依然不使用剪茶機來節省人力開銷，固執地要求以人工採摘「一
心兩葉」的茶菁，堅持茶菁的日曬與發酵，還好他們不再用雙
手直接到鍋鼎中炒茶，否則連他們的雙手也要像烏龍一般。

「寒夜客來茶當酒，竹爐湯沸火初紅；尋常一樣窗前月，才
有梅花便不同。」宋朝朱末的〈寒夜〉詩，已是飲茶諸家琅
琅上口的詩句，然而，客來豈能無凍頂，怎可不喝烏龍茶？

　　經由凍頂茶，去感受歷史的心房顫動，去體會這一農業經濟作
物在台灣早期墾拓社會中扮演的角色，傾聽歷史心音，發現在稻
米、茶葉的種植之前，墾拓的林野上，滿山滿谷的樟樹啊！是墾拓
者最大的利多，霧峰、板橋兩個林家的興起，不也是因為樟樹的關

係！鹿谷鄉的歷史材料或許不足，卻無法例外於樟樹「軍工」[11]的事物，從樟樹的開採去尋得區域開發的歷史痕跡，尤其是台灣中北部的山區墾拓，將可收撥雲見日之效，也可藉此窺見家鄉歷史原野的樣貌，例如：鹿谷原名羌子寮（始見於 1899 年），1830 年時的《彰化縣志》寫為獐仔寮，1890 年的《雲林縣采訪冊》記為漳雅庄，用台語來唸，羌仔音與樟仔（樟樹的台語唸法）相同，從歷史的流變來看，樟仔寮應為正名，20 世紀才使用的羌子寮一詞，因羌在字意上屬於鹿的次種，遂被解釋為該地因多鹿多山谷，所以是鹿谷一詞的由來，類似的錯誤例子在台灣應有不少。

2-3　我們生命的搖籃

婆娑之洋、美麗之島，呀呵福爾摩沙。

在三十年前的 1976 年，仍是戒嚴的時代，李雙澤[12]在淡江大學某次的西洋歌曲演唱會上，高舉一瓶可口可樂，問：「歐美、台灣，大家都喝可口可樂，都聽洋文歌，請問我們自己的歌在哪裡？」掀起民歌的風潮，他把詩人陳秀喜的作品（梁景峰改寫成歌詞）譜曲為〈美麗島〉，由楊祖珺和胡德夫演唱，隨即被新聞局下令禁唱。

這首歌的詞如此寫著：

---

[11] 清代中葉前，樟樹遍及臺灣中、北部，1725 年（雍正 3 年），清政府設立軍工料館，雇工砍伐樟木製作軍船，以製腦所得為工資，並限於官方。1825 年（道光 5 年），建軍工廠於萬華，始開放民間採樟熬腦，由軍工局統一收購，事實上民間私採之風早在開放之前。1886 年（光緒 12 年），設撫墾局，轉向鼓勵人民開採，而臺灣也成為世界各地樟腦的主要來源。
[12] 李雙澤，1949-1977，淡江大學數學系畢業，校園民歌運動的催生者，因救溺反遭滅頂。

> 我們搖籃的美麗島，是母親溫暖的懷抱。
>
> 驕傲的祖先們正視著，正視著我們的腳步。
>
> 他們一再重複地叮嚀，不要忘記，不要忘記；
>
> 他們一再重複地叮嚀，篳路藍縷，以啟山林。
>
> 婆娑無邊的太平洋，是我們自由的土地。
>
> 溫暖的陽光照耀著，照耀著高山和田園。
>
> 我們這裡有勇敢的人民，篳路藍縷，以啟山林；
>
> 我們這裡有無窮的生命，水牛，稻米，香蕉，玉蘭花……

在肅殺氣氛嚴重的年代，我站在台北街頭的頂好廣場，聽著甫自綠島歸來的楊逵演說，聽著楊祖珺以柔美、昂揚的聲音唱出這首歌，心頭的冷遠超過濕冷的台北；時隔二十年後的千禧年時，才於網路上聆聽到另一位原唱者胡德夫[13]以他雄渾、蒼茫的歌聲詮釋出美麗島的情感，一首冷藏三十年的民歌終於獲得自由。

是的，唱我們自己的歌，跳我們自己的舞，寫我們自己的文學，讀我們自己的歷史，我們才是美麗島的主人。

回望島嶼的歷史，我們貼近島嶼的胸膛，聽到海浪一如〈美麗島〉般的歌聲，串串音符在歷史的長廊裡不斷迴旋，一如母親的呼喚：怎能忘記故鄉美麗的稻穗、玉蘭花，別人可以企圖擦拭掉我們的記憶，我們卻不能輕易毀棄自己的歷史。

關於家鄉歷史的書寫，就留待第五章〈小歷史、大歷史〉再談。

---

[13] 「1970 年代，胡德夫就以演唱卑南族音樂家陸森寶所作「美麗的稻穗」而馳名。身為卑南族的他，更將西洋曲風與原住民歌謠的精華融入創作，並和楊弦、李雙澤掀起了唱自己歌曲的風潮，奠定台灣這二十年來的流行音樂創作基礎。」（王一芝〈台灣最有力量的聲音胡德夫〉，《遠見》225 期，2005.3。）

第三章

歷史的書寫：誰來寫歷史？

3-1　古今之變

歷史學的範疇有多大？

從中國最偉大的歷史學家司馬遷《史記》[1]的角度來看，寫作的上下限是黃帝至漢武帝，至少 1500 年的中國早期歷史，以「究天人之際，通古今之變」為書寫歷史的目的，以歷任帝王為軸線記述史事並加斷語，建立了中國史書書寫的樣版；換個角度來看，司馬遷的書寫也可說是當時人觀念中的一部世界史。

從西方英國史學家吉朋[2]《羅馬帝國衰亡史》的角度來看，寫作的上下限是第二世紀安東尼時代到十五世紀東羅馬滅亡的歐洲

---

[1]　司馬遷（前 135 年～約前 87 年），字子長，司馬遷自幼隨父到長安學習經史，他的父親司馬談為漢朝專管文史星曆的太史令。公元前 108 年繼父職任太史令。104 年，他開始撰寫《史記》。五年後，他因替李陵兵敗之事作辯解，觸怒漢武帝，被處以腐刑。他在獄中滿懷悲憤繼續寫作，耗費二十多年時間，完成《史記》這部不朽的史學巨著，全書共 103 篇，五十多萬字，敘述自黃帝下至漢武帝太初年間的歷史。《史記》開創中國紀傳體史學、中國的傳記文學。是中國第一部通史，創造了紀傳體的形式，對後世史學的發展產生了極其深遠的影響。

[2]　吉朋（Edward Gibbon, 1737-1794）是十八世紀英國最偉大的歷史家，出生於富商家庭，曾入讀牛津大學，後因宗教問題退學，十六歲被父親送往瑞士洛桑，接受古典文史哲學的薰陶，受到啟蒙思潮的深遠影響。他曾服務軍旅、擔任國會議員。以二十餘年的心血，完成歷史巨構《羅馬帝國衰亡史》（The History of the Decline and Fall of the Roman Empire），上下縱橫

史，以當時西方人的觀念來看也是一部世界史。然而內容真正涵括
了東西方的世界史，要到二十世紀才出現，美國史學家威爾杜蘭
（Will Durant,1885-1981）書寫《世界文明史》十一大卷，英國史學
家湯恩比（Arnold Toynbee, 1889-1975）書寫《歷史研究》十二大冊，
兩人分別耗去四十年的歲月以成名山大作。

　　歷史的書寫也非得都是龐然巨構，小至村莊、人物的書寫也是
歷史的範疇。

　　歷史是時空中人的科學，在時間的巨流裡，人們與大地有著密
切的關係，人們在自然與社會的互動裡創新與發明，人們也在災
難、戰爭中祈求幸福與和平，人們在經濟活動中累積財富與罪惡，
從而宗教與道德在人性裡畫下均等線，因為政治而有政府與人們的
權力互動，科技的高度發展從而引來人們的虛無主義和人文主義的
掙扎，這些，都是歷史的書寫範圍。

　　或者簡單的說吧，歷史：紀錄文明（或者文化）的興衰過程。

3-1.1　歷史的內涵

　　在第一章中雖已將「歷史」有所定義，然而實存的歷史或可因
史料未出土、史家未採擇，導致在史家的筆下「消失」，此情況下，
這實存的歷史我們無權否定它的存在。這實存的歷史我們稱為「歷
史本體」，我們所定義的「歷史」實際上是史家對歷史本體的「歷

1300 年，全書分為七十一章，六大卷；其敘事縱橫 1250 年，涵蓋西歐、
伊斯蘭與拜占庭三大文明，迄今仍被現代史家視為經典之作。吉朋在書寫
《羅馬帝國衰亡史》時有個浪漫的源起：1764 年 10 月 15 日「將近黃昏的
時候，當我坐著凝視羅馬的神廟（Capitoline Hill），靜聽赤足托缽僧在神
廟內朗誦應答祈禱，我的歷史寫作的動機，開始孕育。」（杜維運序，梅
寅生譯，（Edward Gibbon）《羅馬帝國衰亡史》，新竹：楓城，1975.7.，
頁 6。）

史書寫」。歷史書寫永遠只能接近歷史本體，絕不可能成為歷史本體，或是取代歷史本體，因為這樣，不同的歷史學家就能用相同的史料寫出風格迥異的歷史，如此，司馬遷所謂之「成一家之言」才有意義。

歷史書寫是對過去的「歷史敘事」，是書寫者對一己群體的共同歷史記憶的「群體」（家國）敘事，因此，「群體」（家國）的「認同」意識與凝聚就決定了歷史本體被書寫的方式與內涵。

過去，台灣歷史的書寫一直被定位為地方志的研究範疇，屬於地方史、邊疆史，原因是歷史書寫的家國認同意識受限於政治操控者手中，因為在中國歷史主流的敘事裡，台灣史事是旁枝末流，不是歷史敘事的核心，所以在中國歷史的書寫者眼裡，只有當台灣與中原發生歷史關聯時，才能寫入中國歷史的文本之中。換言之，即使台灣的歷史本體提供了充分的史料，中國主體認同的歷史家在擇取過程中，也將以其為中原邊陲、與中國關係淡薄、夷人荷蘭或日本所治之地的準則下，將之捨棄。

相對的，核心—邊陲的相對架構下，一個歷史研究者要在中國歷史的材料堆中尋找韓國、越南、日本、台灣的史料，蠻夷列傳、諸番志等可有可無、無關詳確的「堆砌」資料，就是獲得的來源，所以，你怎能輕易相信「三國時代（三世紀）孫權時，是中國經營台灣的開始」！過去，台灣歷史的書寫在中原史觀的操作下被選擇性的記憶，或者遺忘，遂使這塊土地上的人民罹患「歷史失憶症」，產生了群體的歷史認同錯亂，在民主的時代，我們不應是邊陲，歷史書寫當然也要「恢復記憶」。

3-1.2　歷史的分類

歷史學的範疇有多大？用無所不包來回答並不為過，所以歷史學者僅能在他有限的能力下通曉「局部歷史」，也就是在歷史的分類下進行其研究。

歷史書寫的形式有哪些？中國史家把歷史書依其體例分為：

紀傳體（如：《史記》、《漢書》等中國正史）。

編年體（如：《春秋》、《左傳》、《資治通鑑》）。

紀事本末（如：《通鑑紀事本末》）。

典志體（如：《通典》、《文獻通考》、《西漢會要》）。

西方史家則把歷史分為：

散文體（logographoi）（如：吉朋《羅馬帝國衰亡史》）。

考古文體（antiquitates）（如：希羅多德的《歷史》、瓦羅《人事神事考古》、伏爾泰《文明史》、柏拉圖《法律篇》、亞裏士多德《政治學》）。

年鑑體，或紀年體[3]（如：色諾芬《續修西底德》、李維《羅馬共和史》、馬基維里《佛羅倫撒史》）。

傳記體（如：普魯塔克《希臘羅馬名人傳》、西塞羅《布魯圖斯》、奧古斯丁《懺悔錄》）。

除此之外，歷史書還可包括：

專史（如：政治制度史、經濟史、文化史、思想史、民族史、地方史、交通史等）。

考證（如：《十七史商榷》、《廿二史劄記》、《古史辨》）。

---

[3]　紀年體和考古體的基本區別是：考古體偏重典章制度、文物風俗的靜態觀察，不在乎時間的因素，不重視政治史的記錄而傾向於文明的比較。紀年體重在記事，以此體例寫成的史書幾乎都是政治史、軍事史。

史論（如：《明夷待訪錄》、《宋論》、《日知錄》、《文史
　　通義》等）。

　　或者也可按書寫之時代（通史與斷代史）、區域（亞洲史、西
洋史等）、國家（中國史、美國史）、專題（科技史、經濟史、社
會變遷等）等來對歷史作分類。以下我們從國內幾所大學[4]開設的歷
史課程加以彙整分類，略知歷史書寫的範疇。

1. 通論的歷史

　　通論性的歷史，包括世界歷史、跨國歷史、國家歷史等具整體
性質之歷史，簡稱為通史，或由於記載時間過長而有所切割，便可
再分出「斷代史」。

　　通史：台灣史、台灣通史、中國通史、世界文化史、世界通史。

　　跨國史：北亞史、東南亞史、近東文明史、東南亞華人社會史、
非洲史、美洲史。

　　斷代史：台灣史前史、荷鄭時期台灣史、台灣早期史、清代台
灣史、台灣近代史、日治時期台灣史、台灣現代史、台灣當代史、
兩岸關係史。

　　西洋斷代史：希羅文明史、希臘化時代歷史、羅馬史、西洋上
古史、西洋中古史、啟蒙運動史、歐洲文藝復興史、16-18 世紀歐
洲史、西洋近代史、西洋近代殖民史、歐洲近代史、十九世紀史、
西洋現代史、世界現代史、現代世界的形成。

　　中國斷代史：中國上古史、中國中古史、先秦史、秦漢史、魏
晉南北朝史、隋唐五代史、宋史、遼金元史、元史、明史、明清史、
清史、中國近代史、中國現代史、中國共產黨史。

---

[4]　這幾所大學是：台灣大學、政治大學、師範大學、成功大學、輔仁大學、
　　文化大學的歷史系所。

2. 國家的歷史

本國之外，以國家為書寫對象的歷史是為國別史，其體例大都為通史性質。

例如：日本史、韓國史、日本近代史、蒙古史、東南亞史（含菲律賓、印尼、越南、泰國、新加坡、馬來西亞）、希臘史、法國史、俄國史、英國史、德國史、美國史、美國現代史、中華人民共和國史、中國通史。

很顯然的，除中國外，台灣對鄰邦歷史的研究與書寫相當欠缺，菲律賓、越南、馬來西亞、印尼、印度或中南美洲、太平洋島國等邦交國家，我們的認知彷彿是一片空白，這對一個海洋國家而言，是不及格的！

3. 區域的歷史

從國家歷史中以地理區隔為書寫範疇，可以是省市州縣，也可以是城鎮鄉村，書寫方式可仿照國家歷史，內容可通論或專就社會經濟、人物、家族、族群等來書寫。

例如：方志學、台灣區域史研究、近代台灣城市史、周代城邦生活史、近世中國地方社會史、敦煌吐魯番學概論、中國近代邊疆史研究、歷史地理、台灣家族史研究、近世中國地方教育史、台灣近代人物、中國歷史人物、隋唐政治人物分析、晚清歷史人物、民國人物。

晚近，已有許多歷史工作者投入城鄉歷史（如：王良行等《鹿港鎮志》、陳哲三《竹山鎮志》、洪敏麟《大肚鄉誌》、吳文星《關山鎮志》）及家族史（如：尹章義《張士箱家族移民發展史》、黃富三《霧峰林家的興起》、許雪姬《龍井林家的歷史》）的書寫，至於更基礎的村莊史，相信也將蔚為潮流。

4. 專門的歷史

歷史書寫如側重於單方面向，從經濟、政治、文學、社會、藝術、宗教、婦女、醫療等視角切入，即屬於專門的歷史，列舉如下：

政治史：日治時期台灣政治社會、台灣民主運動史、台灣政治史、台灣國際關係史、台灣與中國關係史、日本近代政治外交史、東亞古代政治史、近代中日韓關係史、古希臘民主與文化、西洋政治思想史、後現代政經體制的變遷、後現代權貴的世界革命、中國立憲史、中國法制史、中國近代政治史、中國政治制度史、中國政黨史、中國宰輔制度、近代中國外交史。

經濟史：台灣社會經濟史、台灣產業史、台灣經濟史、台灣農墾史、十九世紀德國社會經濟史、西洋近代經濟史、世界經濟與近代中國、中國社會經濟史、中國貨幣史、中國經濟史、宋代社會經濟史、明清經濟史、唐代社會經濟、漢唐社會專題。

社會史：台灣社會史、近代台灣社會史、臺灣近代社會經濟史、日本社會文化史、法國社會文化史、社會科學理論與中國史研究、中國社會史、中國秘密會社史、宋元社會史、明代社會史、明清日常生活史、明清的社會與文化、近代中國生活文化史。

文化史：台灣文化史、中國文化史、西洋科學史、唐宋社會文化史、西方文明史、社會與文化史、歐洲文化史、台灣近現代文學史、中國古代生命禮俗史、中國的性別文化與社會、中國近三百年學術史、中國哲學史、古書畫鑑定、金石學概論、古代中國方術。

思想史：西洋現代思潮、希臘思想史、近代思想史料解讀、後現代的文化思想研究、中西思想與科學發展、中國近代學術思想史、中國思想史、中國現代思潮、先秦思想史、宋代思想文化史、明清思想文化史。

　　藝術史：台灣藝術史、台灣美術史、台灣陶瓷文化史、二十世紀藝術、西洋藝術史、從文藝復興到巴洛克、中國古代藝術史、現代主義：藝術與文化、中國近代美術史、中國美術史、中國書法史、中國陶瓷史、中國戲曲史、中國藝術史、元明清繪畫史、唐宋元繪畫史。

　　宗教史：台灣基督長老教會研究、古代基督教婦女研究、耶穌會在中國、羅馬基督教會史、佛教史、宗教與藝術、中國道教史。

　　醫療史：近代歐洲醫療、醫療與社會、中國古代醫療史、中國近世醫療史。

　　這分類只是概括的，仍可再細分下去。

3-2　誰在寫歷史

　　歷史書寫既然是群體共同記憶的敘事，歷史學家以他對歷史的觀察視野決定書寫的方式與內容，將群體記憶剪裁成「合身」的文書形式，其中不免夾雜著書寫者的記憶解讀、價值判斷，「歷史」既經成型，家國認同也將隨之傳遞，是非曲直躍然紙上，因此「孔子作春秋、亂臣賊子懼」[5]，影響深遠。

　　那麼我們要問：誰來寫歷史？或是問：過去、現在，是誰在書寫歷史？

　　歷史書寫可分為「國家書寫」與「民間書寫」，兩者間最大的分別是對國家政治與人民社會兩者間書寫面向的選擇。國家書寫的

---

[5] 「世衰道微，邪說暴行有作，臣弒其君者有之，子弒其父者有之。孔子懼，作春秋，春秋，天子之事也。是故，孔子曰：『知我者其惟春秋乎！罪我者其惟春秋乎！』……孔子成春秋，而亂臣賊子懼。」《孟子》滕文公下，第九章。

歷史偏向與政治領袖或者統治集團相關的公共事務，對當政者在政治、經濟、社會、文化的重大歷史進程加以敘述，其歷史書寫之立場是以國家（或政治領袖、統治集團）的政治利益為中心。在中國，其傳統史學雖有官修、私修之分，但在功能上都有著「資治」的取向，書寫面向的選擇不脫君王將相、官宦仕紳等社會上層結構，基本上都屬於國家書寫。

民間書寫的歷史是以人民為本位，國家書寫的空間在這裡被縮小，地方與家族、大眾與個人被強化了，以「常民」的視角來解讀、觀看歷史發展，將傳統的歷史學功能社會化，強化民間視野，讓國家、社會的群體記憶（或失憶）超脫政治權勢者的操控。

所以，歷史書寫不再是國家、史官、學院派的專利，它回歸普羅大眾。

3-2.1　重構現場

歷史家處理群體記憶（或失憶），是以收集到的歷史材料（facts，事實）企圖將歷史本體作現場重構，書寫成歷史，其過程就是史學方法。

關於歷史材料的收集，史學家總是喜歡訂一個高道德的標準：美善的標準、鑑戒的標準、新異的標準、文化價值的標準、現狀淵源的標準[6]，無論如何，史料為重構現場的基礎，是東西方史學發展累積下來的定則。史料的科學化處理使二十世紀前期的史學家也以歷史是科學而自喜，直到卡爾頗柏（Karl Raimund Popper）的《歷

---

[6]　美善：要隱惡揚善、為親者諱、為賢者諱。鑑戒：善可為法、惡可為戒。新異：詳人之所略，異人之所同，重人之所輕，忽人之所謹，化腐朽為神奇。文化價值：存歷史精華，棄其糟粕。現狀淵源：與現時有關的研究。（參見杜維運《史學方法論》第二章，台北：華世，1979.2.頁 21-41。）

史主義的貧乏》發聲，歷史方不再被完全劃歸到科學，因為歷史的文字書寫可以是文學的、是藝術的。

關於史料的真偽辨讀等細節部分，留到第六章〈歷史的礎石〉再來探討。

在史料基礎下作現場重構，對於歷史本體就須有基本的認知，並掌控歷史本體的基本五要素：人時地事物（Who When Where What Which），歷史人物的基本資料的取得是歷史書寫必要條件，時間點的掌控及歷史空間（環境）的熟悉，是情境再生的軸線與場景，發生什麼事件則須有充足的歷史史料去支撐、去說明，再加上歷史想像才能完成現場重構。

歷史家將自己投射到歷史本體上去，設身處地的進入歷史空間與模擬歷史人物，這樣的作為就是歷史想像[7]，以此將碎裂斷離、散逸不全的史料融合起來，連貫起來，使歷史書寫合於邏輯。

歷史現場的重構有賴於歷史材料的蒐集、累積、儲存，進而擇取、解讀、分析、解釋歷史材料，掌握這些零碎的物件後，加以系統化、邏輯化、關聯化，才能使歷史重構有時序性、不悖常理，運用歷史想像進入歷史敘述的進程。

歷史文章的書寫，自然不能語意晦澀、文句阻塞，也無須堆砌詞藻；通達順暢、簡潔易讀就是佳構。

3-2.2　你來寫歷史

謙虛的你，也可以寫歷史。

---

[7]　歷史想像的媒介有四：1.專注，才能觸及歷史的心靈。2.同情，才能洞察歷史真相，才能切入歷史人的思想，才能對歷史事件了然於心。3.物證的刺激，古蹟古物的親見能勾起思古幽情，走訪實地是歷史書寫的必要前提。4.學術的基礎，在學術知識的結構上想像，避免流於空想、空談。（參見杜維運《史學方法論》，第十二章，台北：華世，1979.2.，頁191-209。）

　　首先，要問你自己想要寫什麼？（學術上稱之為研究主題或是題目）史籍浩瀚的中國或浪漫神秘的西方世界，顯然不夠實際，美國史、日本史、台灣史可以嗎？範圍還是太大了，尋找一個單一歷史事件、一個歷史人物、一個鄉鎮，或者家族、企業、組織，較為簡便迅捷。

　　別急著書寫歷史，為了掌控歷史本體的五要素（人時地事物），你應先去閱讀與研究主題相關的通論性書籍，對書寫對象有了基本認識以後，草擬大綱（書寫的章節）是必要的，這個大綱將隨著你閱讀書籍的增加、史料蒐集的多寡，隨時修改，這個大綱也是你作史料分類的依歸。

　　不斷的閱讀及材料收集是重建群體記憶的必經之路，或者實地走訪也是需要的，那將會給你許多驚喜，以及意想不到的收穫，畢竟有些材料不是圖書管理員能訂購得到的，更不可能放在網路上隨你撿拾，地理景觀就是研究主題的歷史空間，訪談間聽得的「野史趣談」，也可以提供尋訪材料的走向。

　　將收集到的歷史材料作「系統、關聯、邏輯」的分類處理（傳統的做法是製作資料卡片，你也可以建立資料庫來迎合電腦化的時代），依照你所訂的大綱循序將群體記憶（或被遺忘的記憶）重新組合，斷裂的地方依靠歷史想像來彌合，或以歷史理論（社會學、政治學、經濟學等理論）來架橋鋪路，或者以文字註明空缺，當然不能忘記在書寫過程中的「引經據典」（一分證據說一分話，也就是註解、作注），史料學派的專家們可是會與你斤斤計較的，最後別忘了臚列你所參考閱讀過的所有書籍、論文，如此，歷史書寫基本上才算完成。

3-2.3 歷史學家

雖然歷史書寫有官修歷史的傳統（如中國的正史，由官方編修，後朝寫前朝），私人撰述雖也不惶多讓（被稱作野史），卻都偏重對政治統治階層、社會上層結構的歷史書寫，君王顯貴、官宦仕紳的史料才是「有歷史價值」的，需要被擇取、保存。常民文化、平民事蹟、家族遷徙、商賈農工不在書寫之列，彷彿他們在時間流逝後，都該灰飛煙滅，「被迫」在群體的記憶裡清除。

歷史書寫不應該是史家或史官的「特權」，平民也可以書寫歷史，尤其是自身的歷史；科技的發達，民主的社會，讓我們輕易的突破過往國家機器掌控歷史材料、書寫資源的限制，數位文字和圖片、影印或印刷、攝影和繪圖、網路資訊連結等，讓我們在自家書房就可以如身在國史館般，書寫歷史。

歷史書寫的範疇開放了！從國族歷史到鄉村歷史，從政治史到女性、勞工的歷史，庶民生活、你家我家也是歷史書寫的一部分。從我寫起，從家族寫起，從身邊寫起，從村莊城鎮寫起，由近及遠，由小歷史到大歷史，這就是大眾史學：人人都可以書寫歷史。

當然，大眾史學的書寫者，也還是要有歷史家的基本訓練，傳統史家的特質也應傳承下去，否則胡亂縐也叫歷史、潑婦罵街的「苟」史文也叫歷史文章，那還了得！唐朝的劉知幾在《史通》裡主張歷史學家應具的條件為：史才、史學與史識，清朝的章學誠在《文史通義》裡認為應增加史德，梁啟超在《中國歷史研究法補編》將此「史家四長」排序為：史德、史學、史識、史才[8]，強調史德第

8　史德是指力求忠於史實、不誇大、不附會、不武斷、不歪曲；史學講求蒐集資料，判斷真偽，抉擇取捨的方法；史識是指敏銳的觀察力，但須避免為因襲傳統思想或自我成見所蔽；史才是指撰寫歷史的技巧，涉及材料的組織與文字的風采。（參見梁啟超《中國歷史研究法補編》，台北：台灣

一的要義,在於強調歷史家要有慈悲胸懷,要能致良知,要能無畏強悍、仗氣直書,不作迴護曲解、溢美造偽的書寫,要心術端正、不穿鑿、不武斷。

歷史學家在「歷史想像」的需求下,涉獵群籍、廣泛閱讀,增加歷練,因此豐厚的學識特質,自然顯現在歷史學家身上。歷史書寫的要求雖是通達即可,但辭語爾雅、行文如流水的自我要求也是必須的,能以文學的形式書寫使讀者愛不釋手,引發共鳴,讓歷史文章也成文學佳釀。歷史書寫如停留於敘事面,不免讓人感覺有「流水帳」的遺憾,如何立論新說、發人深省,就在於創新立異的表現,也就是「成一家之言」。

現代史學給歷史學家一個新的使命,那就是歷史理論的建構,讓歷史作品不只是歷史本體的書寫,也是歷史解釋的表現,也就是歷史哲學的建立,把歷史學也擴展到歷史哲學的層次。

大眾史學的書寫者當然也是歷史學家,所以歷史學家的專業、使命、特質,當然也不能自我免除。

商務印書,1980.6.,頁 16-39。)

第四章

生活的歷史：民俗文化的歷史橫度

4-1　歷史的生命之水

　　日本統治台灣後，成立了「臺灣慣習研究會」（1900）及「臨時台灣舊慣調查會」（1901），並發刊《臺灣慣習記事》，深入且普遍地調查台灣的歷史、風俗、習慣，而有了豐碩的成果，並由台北的金關丈夫等日本人創刊的《民俗台灣》（1941-1945，共 43 期）寫下完美的句點。[1]

　　我們不禁要問：為什麼他們如此努力於「舊慣」的查察整理工作？因為他們知道：舊有風俗習慣（民俗）是這塊土地之民間的傳統生活習俗，它與人類學、民族學、社會學、歷史學都有密切的關聯，是大眾歷史的基礎。

　　那麼民俗文化包括哪些呢？在精神層次上，舉凡生命儀禮、民間信仰（宗教、神靈、巫覡）、年中行事（歲時祭儀）等習俗都是；

---

[1]　這些豐碩的成果是：《台灣私法》（1910）、《蕃族調查報告書》（1913）、《台灣慣習記事》雜誌（1901-1907）、《清國行政法》（1910-1914），總其成的是伊能嘉矩的《台灣文化志》。其後，更多人投入到台灣舊慣習俗的調查研究工作，也有出色的成績，如：平澤平七的《台灣俚諺集覽》（1914）和《台灣之歌謠》（1918）、李獻璋《台灣民間文學集》（1936）、片岡巖《台灣風俗誌》（1921）、鈴木清一郎《台灣舊慣冠婚葬祭與年中行事》（1934）、東方孝義《台灣習俗》（1942）、池田敏雄《台灣的家庭生活》（1944）、增田福太郎《台灣之宗教》（1939）等。

在生活起居方面，與生活有關的居住、飲食、衣著、生產、交通、工藝等習俗都是；在社會環境的結構中，包含人們在家族、社群、聚落、寺廟裡的互動關係；在文化展現上，則有語言、戲劇、文學、歌謠、工藝等的表現；簡言之，民俗包括了民間傳統生活的各個層面。

4-1.1　人生三步曲

在台灣傳統的習俗裡，人生三部曲（出生、結婚、死亡）也有著繁複的儀禮步驟，鈴木清一郎在《台灣舊慣冠婚葬祭與年中行事》[2]一書裡詳實地紀錄了 20 年代的台灣民俗，現在的我們回過來看這些舊俗，再想想還有哪些習俗仍在「運作中」。

1.生育禮俗

生命的誕生表現在台灣傳統社會，可以觀察到幾個現象：宗嗣觀念、保胎禁忌、生產程序、命名期望、幼兒成長。

宗嗣觀念支配著新生命的誕生程序，民間相信註生娘娘是授子神[3]（關於祈求生育的神祇還有有送子張仙、送子觀音、臨水夫人、七娘媽等），祭拜之外，還有種種關於懷孕的迷信規範：胎神、禁看布袋戲、禁跨牽牛繩、禁跨秤、禁綁（夾、扎、燒）東西、禁觸死人棺木、禁見月蝕、禁動工等。在宗嗣繼承社會，生男孩是件大事，萬一無法得嗣，就須收養同宗同姓的姪子來當養子，或是收養異姓的螟蛉子，因此為求生男的迷信也有很多，如栽花換斗。

關於孕婦生產的做法有：產房的設定、生產的方式和做月內（做月子，產後一個月內），雖也有不合現代衛生或迷信的地方，對產

---

[2]　本節主要參考鈴木清一郎《台灣舊慣冠婚葬祭與年中行事》，台北：眾文，1989.11.，頁 85-149。

[3]　太陽的起落猶如生命的生與滅，台灣民間信仰中的東王母娘娘管出生、西王母娘娘管死亡，鈴木的說法是：南斗星主司出生、北斗星主司死亡。

婦也可說極盡照顧；至於幼兒成長的過程也有許多規矩，如：三朝之禮（產後第三日）、做滿月、做頭尾[4]、做四月日（產後四個月）、做週歲（度祭）[5]、拜床母。

　　家族增加了新成員，當然要有命名[6]的程序，傳統社會的人可以有很多名字：乳名、土名、冊名、字名、號、官章、謚名，實施戶政制度後，出現的不雅名字大都是乳名或土名。

2. 成年禮俗

　　民間相信註生娘娘、七娘媽等神祇護衛幼兒直到成年，因此這個階段要佩帶神明的香火或符牌作為護身，即「綰絭」。成年後就不必再受保佑，由家長在神佛生日時帶著子女到寺廟去謝神，把絭取下，是為「脫絭」；祭拜七娘媽的男女孩要在七月初七舉行七夕祭典，除了供品外，要燒一座紙做的七娘媽亭，大都在自家辦理。台南市[7]近年來已將此民俗定型成特有的文化活動。

---

[4] 做頭尾：滿月之日，產婦的娘家，會送「頭尾」給嬰兒，頭尾是指嬰兒從頭到腳所穿的全部衣物，包括帽子、衣褲、鞋襪和飾物，還要送紅龜粿、紅蠟燭等禮品，嬰兒家人就用油飯、米糕或酥餅、圓仔為答禮（一般親友送禮的答禮也一樣）。

[5] 嬰兒滿週歲要用牲醴和紅龜粿祭祖先神佛，嬰兒的外婆家送頭尾、紅龜粿來祝賀（女嬰就不送了），答禮是與頭尾相當的「紅包」，有些家庭也會有「抓週」或試週的習俗。

[6] 台灣人的命名也有其法則：1.五行（木火土金水）配上十天干和生年月日、2.倫序、3.觸景、4.指定、5.應夢、6.托庇、7.厭勝、8.形態、9.賦性、10.假物、11.美辭與典故、12.父母期望。

[7] 台南市的開隆宮是少見的七娘媽廟，每年七月初七，都有「做十六歲」儀式，家長帶領孩子來感謝七娘媽，除牲醴外，並獻上七娘媽紙亭，由子女從亭下來回爬過三次後，將紙亭焚化，完成儀式。

台灣民間並無正式的成年禮，成年的儀式就在「脫絭」中「轉大人」，或者普遍以結婚與否來認定是否成年，人生首部曲到此告一段落。

3. 婚姻禮俗

成家立業是人生二部曲，家的建構基礎是宗嗣傳承，姓氏是香火延續的表徵，婚姻則是實質的推展，成家不僅是家屋建築的擴大，也是宗祧得以存續的大事，因此在台灣傳統婚俗裡，處處可見從男性為體之繼承法則出發的儀禮樣貌。表現在婚姻外在的現象有：同姓不婚、近親禁婚、招婿招夫、納妾併婢。在宗嗣繼承的內在因素下，產生的子女問題有：養子（過房子、螟蛉子）、養女（養女、媳婦仔）；幾乎都環繞在男性的「姓」問題上。

台灣民間的婚姻禮俗，大體上仍保存著傳統的六禮程序，即：問名、訂盟、納采、納幣、請期、親迎。由於程序繁複，未必全依六禮程序，如從婚禮的過程來看，可分為訂婚與結婚兩幕，現在也有混合辦理、一次解決的。

結婚前的步驟大致上是：議婚、訂婚、完聘和請期[8]。

結婚的步驟則是：親迎、成婦、成婿[9]。

---

[8] 議婚又稱「提字仔」，相當於六禮的「問名」；訂婚稱為「過定」、「送定」、「小聘」或「訂盟」；完聘又叫做「大聘」，亦即古代六禮中的「納采」與「納幣」，現在過定與完聘都於同一天完成；請期又稱「送日頭」或「送日子」，即古禮的「請期」，就是男家告訴女家迎親的日期。

[9] 迎親是六禮的「親迎」，俗稱「迎娶」，進行的步驟有：新娘食姐妹桌、出廳、上花轎、嫁娶隊伍出發、請下轎、拜天地、入洞房、吃酒婚桌、鬧新娘（鬧洞房）、上床。成婦禮（出廳拜神）：新婚第三天到正廳拜見祖先與公婆（一般都改為次日舉行），成婿禮：婚後第十二天（現在都與歸寧宴客合併），新婚夫婦回女家，是為「做客」（返外家、歸寧），當天女家宴客，俗稱「請子婿」，黃昏時就回夫家（俗諺：暗暮暮，生查埔）。

　　婚姻有其圓滿的喜樂，也有散場的悲苦，狀況外的情形也不少，小則寄禮（委託女方代辦婚禮）、招夫招婿[10]，大則娶神主牌[11]、離緣（離婚，男方主動的叫休妻，以七出之條為理由，並立休書以為證明），宗嗣香火的延續之外，添加了鬼魂信仰與女性物化的問題。

4. 喪葬禮俗

　　台灣傳統社會深信靈魂、風水之說，對於人生的終點：死亡，當然有著極為慎重、繁複的儀禮程序，在傳統文化的規範下，沒人敢觸怒亡魂，也沒人願意背負不孝的罪名，反之，期望先人塋陵的好風水能庇祐子子孫孫。告別人生舞台的方式，當然是由親友後人來處理，可分為臨終、喪禮、服喪等過程。

　　從生命垂危到躺入棺廓的臨終過程，實是親友最悲痛難捨的時期，無奈之下進行著喪事儀禮：搬舖、臨終、嚥氣、報白、守舖，守舖期間[12]，須辦理的喪事有：開魂路、做魂帛和旛仔（招魂旛）、分孝服、接棺、乞水、沐浴、套衫、割鬮（khau）[13]、辭生。

10　招夫招婿是逆向操作的婚姻，招夫是寡婦仍留夫家，另招一個丈夫為後夫，招婿則是不讓女兒出嫁，反讓女婿住入女家，兩者都有著傳宗接代的因素。招贅式的婚姻都採行簡單的婚禮儀式，重要的是「打招字」（簽訂招贅契約，言明聘金、期限、子女歸屬），期限到時，贅夫留下契約所訂的子嗣，攜妻與子女離開，獨立門戶，妻從夫姓，是為「招入娶出」，不過，許多招贅婚並無期限。

11　娶神主牌就是冥婚，主要是替死亡的未婚女子尋找適合或有意之陽世男子，讓他和亡女之神主牌結婚，男方大都一貧如洗，接受巨額的祭祀費、嫁妝後結婚，再應女方要求以祭祀費為聘金另娶陽世女子為續弦，如此亡女就得有後世祭祀。如果是一對已訂婚的男女，女方死亡，女家就把牌位送至男家完婚，要是男方死亡，女方可以自主決定是否繼續結婚程序。

12　把病危（或壽終）者從寢室移至正廳，稱為搬舖（徙舖）；臨終前大都會立遺囑、分手尾錢（分配財產）、分手尾（紀念物）；嚥氣後，家人在死者腳邊供飯，飯上插竹筷一雙、置煮熟的鴨蛋一個（俗稱腳尾飯），並在死者腳邊燒冥紙（腳尾錢），點白燭；喪家對外發出死訊，是為報白（報喪），一

　　入棺、蓋棺、埋棺，是喪葬禮俗中最重大的事，也是死者一生的句點（蓋棺論定），喪禮的進行程序有：入殮[14]、葬禮[15]、出殯、下葬。

　　往者已矣，喪禮結束，家屬遺族還有後續的喪事：風水、做旬、脫孝。[16]未完成前都是服喪期間，除喪後，餘下的就是一年一度的培墓（掃墓）。

　　從人生三部曲的民俗儀禮中，我們不僅看到人們對生命的敬重，也看到宗族禮法盤根錯節的一面，當然也發現到迷信、愚妄的現象，從素民的儀禮文化裏，我們能探索到歷史發展的原生質。

4-1.2　生活的節奏

　　最能展現台灣文化生命力的，應就是日常生活裏的民俗活動，而節慶習俗則是觀察的切入面；綜合多種宗教神祇、祭祀禮俗的「普化宗教」之民間信仰行為，呈現出歷史發展的屐痕；因寺廟或節慶

　般都是印製訃聞（台語稱訃音）寄發親族友好，嫁出的女兒得到訊息立刻奔喪，叫哭路頭；停屍期間，派專人日夜看守，稱為守舖（或驚貓）。

13　遺族圍繞死者身旁，手拉拴在死者衣袖的苧麻長繩，由道士一邊念經一邊剪斷，「死了死路去」意味死靈不再回到遺族身邊，是為割鬮（khau）。

14　擇定吉時，把屍體放進棺材，是為入殮，由司公作祭，稱為「收烏」（即蓋棺、封棺），出殯前的夜間守靈是睏棺腳，入殮後設靈位稱為豎靈（做七的日子），入殮後暫厝停靈，俗稱打桶（殯殮）。

15　葬禮民間稱為出山，過程有：轉柩（將棺木移至門外）、起柴頭（起車頭，供奉嫁出的女兒備妥的牲醴）、家祭、公弔（公祭）、封釘（最後一支叫做子孫釘，由好命人或學者、官員輕釘，孝男再用牙齒拔起）、旋棺（由道士引領孝男孝媳繞棺三次）、絞棺（將抬棺的槓子與棺木用繩子絞緊）、發引（將棺材抬到墳地）。

16　風水就是墳墓的地理，民間深信風水與家運、個人財勢官運等息息相關，相關的論說甚多。做旬（或做七）：遺族每日早晚都要孝飯，每七天要祭拜一次，共七次，七旬（尾旬）時撤靈桌、魂帛、香爐等，叫做推靈（除靈）。喪期屆滿，將死者與祖先牌位合祀，稱為合爐，一週年忌日的祭拜為做對年，此時脫孝，一切回復正常，喪葬儀禮結束。

活動發展出的地方文化特色，則凝聚了土地與群體的生活記憶；相對的，在歷史遺跡上，依然活躍的素民生活，拉近了我們與歷史對話的距離。

一年可分四季、十二月[17]、二十四節氣[18]，在台灣的歲時節令中，人們因著日子的排序有著固定的生活節奏，從《農民曆》中可以觀看到生活的風貌，有不可抗拒的、家族團聚的節日，有週而復始的群體共同祭祀或節日，有神佛生日祭典，有農事作息的排程，也有占卜吉凶的好日或歹日，加上婚喪喜慶，台灣人的生活行事曆充實而多彩，我們可從《農民曆》去觀察平民生活，探索台灣早期社會的生活節奏。

不同的信仰、職業、家族、身分，可排出各自不同的年中行事，但是有些日子早已被約定好，屬於「全民運動」，其中，過年、端午、中秋三節最重要，也是民間清理債務的期限，稱為節關，也是送禮的日子，俗稱送節。現在，節日雖已被「簡略」，三節放假回家的人潮依然不減。

1. 過年迎春[19]

按照傳統，過年是從年前的除夕開始，到元宵節結束。

---

[17]　農曆一到十二月也可稱為：端月、花月、桐月、梅月、蒲月、荔月、巧月、桂月、菊月、陽月、葭月、臘月。

[18]　二十四節氣是根據地球在公轉軌跡上的位置劃分的，節指段落，氣指氣象。每個節氣即約15天，依序是：立春、雨水、驚蟄、春分（3.21）、清明、穀雨、立夏、小滿、芒種、夏至（6.22.）、小暑、大暑、立秋、處暑、白露、秋分（9.23.）、寒露、霜降、立冬、小雪、大雪、冬至（12.22.）、小寒、大寒。四立是季節的開始。

[19]　以下六小節年中行事，參見：梶原通好（李文祺譯）《台灣農民的生活節俗》，台北：台原，1989.7.，頁75-84。劉還月《台灣歲時小百科》，台北：台原，1989.9.。鈴木清一郎《台灣舊慣冠婚葬祭與年中行事》，台北：眾文，1989.11.，頁429-657。

除夕是一年的最後一天（農曆十二月三十或二十九日），俗稱圍
爐（過年），民間在送神（農曆十二月二十四）後開始大掃除，在門
上貼春聯，除夕午後，家家張燈結綵，備牲醴、菜飯、粿類祭祀祖先
和神明，當晚，全家圍坐一桌吃年夜飯，是為圍爐；然後，長輩分壓
歲錢，一家人圍爐到半夜稱為守歲，然後放爆竹，迎接新年。

農曆正月初一到初五是新春（新正），是最重要的節慶，現在
稱為春節。俗諺「初一早，初二巧，初三睏到飽，初四接神，初五
隔開。」簡單地說明了新春期間的行事。初九是天公生。十五是元
宵節（又稱上元，元夕、小過年或燈節），是春節最後的一天，闔
家團聚，吃元宵；晚上提花燈（鼓仔燈），花燈越做越大，已成為
觀光特色（台東發展出炸寒單，台南鹽水展現蜂炮）；傳統習俗裡
還要弄龍、弄獅（舞龍、舞獅），驅邪祈安。

2.清明掃墓

國曆四月五日是清明節（培墓），清除墳上的雜草，若墓碑字
跡模糊，則用硃筆或油漆重新描寫，使其煥然一新，收供時，將蛋
殼丟在墳上，象徵脫殼（更新），最後用石塊將長方形的黃白紙壓
在墳上，以示子孫已祭拜過，是為掛紙（壓紙）。客家人尚用鋤頭
挖一塊綠色的草皮與有雞血的黃紙壓在墳頭，並在墳地四周擺上十
二張銀紙。培墓完返家，再祭拜祖先牌位。

3.五月節

農曆五月初五是端午節（又稱端陽節、五月節），要祭祀水仙
尊王（有五位：大禹、屈原、伍子胥、李白、王勃），也要祭水中
孤魂，乃有競渡（划龍舟）之舉，其儀式是初一燒香、點燭、打鼓、
划龍舟到水邊岸上，稱為請水仙，選出爐主，端五時抬船敲鑼鼓遊
行，即「五月五龍舟鼓」，然後龍舟入水比賽，驅邪納福，水上平

安。這一天的民俗還有：午時取井水花水（或以艾葉、菖蒲放入熱水）沐浴，防百病，午時採藥，吃粽子、喝雄黃酒，在門上插菖蒲、艾草和榕枝來避邪驅鬼（俗諺：插榕較勇龍，插艾較勇健），繫小香袋，在廳上貼掛鍾馗像。

4. 中元普渡

農曆七月為鬼月，七月初一鬼門開（冥府鬼門大開，孤魂來到人間，接受人間的祭祀），七月卅日鬼門關。六月卅日午夜起，家家門前、簷下懸掛一盞圓形紙燈，上書「陰光普照」或「慶讚中元」，照引路途，直點到七月卅日。七月初一下午，家家戶戶在門口祭祀孤魂，即拜門口，寺廟則在廟庭豎起燈篙，圓形燈籠上也是「慶讚中元」四字。中元主要的活動是普渡，種類有：街普、市仔普、子弟普、廟普，祭典中所設的祭桌，可長達數丈以上。

七月裏有一個和鬼無關的節日，就是農曆七月初七，是床母、七星娘娘（七娘媽）和魁星爺的生日，前兩個是兒童保護神，這天要用油飯、菜、酒、肉祭拜床母，要佩帶七娘媽的香火，滿十六歲的要向七娘媽祭祀還願。女子在七夕於月下擺設香案，供上鮮花、水果、白粉、胭脂等，焚香禱告，向織女乞求賜給靈巧的雙手，即乞巧會；而魁星（北斗第一星，魁首或魁斗星）爺，是讀書人所崇拜的神明。現在七夕在商業化的推波助瀾下，成為台灣情人節，似有凌駕傳統的趨勢。

5. 八月中秋

農曆八月十五中秋節，有個悽美的神話故事：嫦娥奔月，嫦娥成了月神；中秋的應景品是月餅，民眾在戶外院內設香案供水果、月餅、焚香燒金祭月，全家吃月餅賞月，又稱拜月。一九八〇年代起流行中秋烤肉，成為烤肉節。

6. 冬至團圓（含尾牙）

冬至（國曆十二月二十二或二十三日），民間稱為冬節，冬節一早，煮湯圓，先在大廳祭拜神明祖先，然後全家團圓，謂之「添歲」，傳統的歲數算法（虛歲）是從這一天開始，增加一歲。

農曆的十二月，冬至的前後，還有兩個重要日子：十六的尾牙宴[20]、二十四的送神祭拜[21]。

4-1.3　心靈深處

台灣的民間信仰，隨著不同地域的歷史條件而顯現出自由發展、不受約束的特性，沒有如正式宗教般，有創教人、經典、嚴密組織，相對的，信仰儀式及祭典活動隨著時代的發展，自然演進，形成台灣本土特有的文化現象。也映照出整體社會神、佛、道、儒含混不清的樣貌。

宗教活動延展開來的是社會群體共同記憶的構築，共同神明的信仰凝聚了認同意識，迎神廟會與出巡繞境的宗教活動，不僅擴大神靈事務的參與，也無形地宣告某共同信仰神的「勢力範圍」（信仰圈），這信仰圈無疑地提供了宗教事務的主事者，參與地方政治的空間，於是乎，我們看到寺廟與政治力的連結。

從信仰的實踐中，我們看到祭拜的儀式與行為，看到寺廟的建築、組織與活動，於是，我們要問：誰來修建廟宇？誰在經營與管理？誰來參與？從問題裏又可引申出問題：許多窮鄉僻壤間的廟宇，何以蓋得輝煌豪華？與比鄰的簡陋民屋形成不協調的對比，為

---

[20] 福德正神（土地公、財神）的祭日（俗稱做牙）為每月的初二、十六，二月初二是第一個，是頭牙；十二月十六是尾牙，商家主人都會在這一天宴請、犒賞（或遣散）部屬、員工。

[21] 十二月二十四，玉皇大帝屬下的諸神，要昇天回去報告民間事情，到了正月初四再回來述職，因而有送神、接神的祭拜。

什麼我們總是對跳八家將的少年投以憐憫或者鄙視的眼光？我們可曾自問：所謂的高階知識份子，何以總和寺廟、民俗文化保持著距離？

當然，我們更要問：「是什麼力量？」掀起慈濟、佛光山、中台等佛教集團的信仰狂潮？也該問：「民間信仰的社會功能是什麼？他們所發揮的社會力有多大？」

1. 神明（神與鬼）的階層與類別[22]

台灣民間信仰的基調是神人鬼三者的共構，敬天思想下，賦予皇朝政治架構的神靈朝拜，參雜儒佛道之孝道倫理、輪迴轉世、陰陽兩世思想的祖靈祭祀，擬人擬神的鬼魂崇拜；三者間有著互流的關係，因此在祭拜的儀式上，也有著相彷彿的型式與行為。

神靈是從敬畏天與自然力而來，皇朝封建思想使台灣人相信天的世界與朝廷一般，玉皇大帝（天公）是至尊，統轄天地人三界[23]，天公所在的天庭諸神，威力無窮；相對的，地府是死亡世界，有十殿閻羅和十八層地獄，人間則是萬物生靈棲息的所在，人們相信：從地府竄出的凶神惡煞與無祀的孤魂野鬼、代天巡狩的天上諸神，都會到人間來，這種神靈人格化的意境，自然也編輯出天地世界的階層社會結構。

玉皇大帝下轄文武百官，文官體系在中央有：文昌帝君（學務）、神農大帝（農業）、巧聖先師（工程）、關公（商業）、保生大帝

---

[22] 第 1.2.3.小節參見鈴木清一郎《台灣舊慣冠婚葬祭與年中行事》，台北：眾文，1989.11.，頁 1-83。

[23] 三界又稱：天界、明界、幽界；天界也稱天庭，明界就是陽間，也是天上諸神代天巡狩的地方，幽界是陰間、地府、冥府，是鬼魂亡靈棲息與活動之處。

（醫療）、水仙尊王和天上聖母（海事）、田都元帥和西秦元帥（娛樂）、七星娘娘（婦幼）、註生娘娘（生育）等，各有職司。

在地方有：省府縣三級城隍爺（司法）、土地公（村莊聚落）、開山公（墾殖）、灶神（炊事），在族群方面有：媽祖和延平郡王（全台灣）、開漳聖王和慚愧祖師（漳州人）、廣澤尊王和清水祖師（泉州人）、三山國王、義民爺（客家人）。

武官體系則是建置神軍，分為天兵（三十六天罡的天兵凶神）、地兵（七十二煞）和神兵（歸王爺、城隍管轄），全軍又可分成東西南北中央五營，而全軍的總指揮是中壇元帥太子爺。至於地府的主神則是酆都大帝，統轄十殿閻羅王（分掌十八層地獄）。

如從神靈產生的屬性，也可把他們分類為[24]：自然神、生物神、傳說神、器物神、人格神、鬼格神。

諸神雖多，在台灣較廣泛祭祀的則是：媽祖[25]、土地公、王爺[26]、保生大帝、水仙尊王、有應公[27]、清水祖師、開漳聖王、三山國王[28]、太子爺[29]、玄天上帝、七娘媽。

---

[24] 自然神（如：太陽星君、太陰娘娘、北極玄天上帝、七星娘娘、雷公和電母、土地公等）、生物神（如：虎爺、義犬公、大樹公）、傳說神（如：神農大帝、太子爺、齊天大聖、呂洞賓、豬八戒等。）、器物神（如：床母、門神、豬稠公和牛稠公、司命灶君、阿立祖）、人格神（如：關聖帝君、媽祖、開漳聖王、開台聖王、寧靖王與五妃）、鬼格神（如：王爺、有應公、水流公、義民爺）。

[25] 媽祖：臺灣稱祂為天后、天上聖母，俗名林默娘，960 年生於福建莆田縣湄州島，987 年得道昇天。侍從神是千里眼和順風耳，臺灣最早的媽祖廟是澎湖馬公天后宮，次為台南大天后宮，但是香火最盛的是北港朝天宮（俗諺「北港香爐人人插」是為佐證），繞境活動最旺的則是大甲鎮瀾宮，每年農曆三月的朝天宮進香（以八天七夜徒步走完全程三百公里，是為三月瘋媽祖、大甲媽回娘家），俗稱「大甲媽祖轉外家」，1988 年因細故改回新港奉天宮。

[26] 王爺，又稱千歲爺，原是居無定所的瘟神，民間認為他們隨著「王船」漂來臺灣，「遊縣吃縣，遊府吃府，代天巡狩，血食四方」，被供為神明；

2. 神明居所

寺廟為供奉神靈的場所，台灣大多數寺廟是由民眾共同出資所建立，私人建立的大都為齋堂或奉祀祖先的家廟；而官方所建的多為文廟（如：台南孔廟、彰化孔廟），建築型式規制化，仿曲阜文廟格局，有山門和圍牆。

台灣的寺廟建築型式，基本上屬於華南式建築，建築的構造與裝飾，除了表現在屋頂、樑桁與山牆裝飾之外，內部的壁畫、彩繪及飾物更是精緻，展現著台灣寺廟的特有風貌，值得注意的是，除了少數具有特殊風格的寺廟外（如：鹿港龍山寺），供奉的神明即使不同，寺廟建築型式卻也大同小異。一般來說，可以院落數來區分廟的大小，從平面配置來看，大型的廟宇是目字形的三落兩院，也就是從廟門（山門）開始的拜殿、中殿（大殿）和後殿（如：台南天后宮、萬華龍山寺）。中型廟宇是兩落一院（兩殿）的日字形配置，普通的是僅有一殿的口字形。最小的廟是土地公廟、有應公廟，可以小到兩尺的高度，僅遮得住神像，台語稱之為「廟仔」。

台灣寺廟的名稱，基本上，前面幾個字大都是言明該廟所主祀的為何方神明，最後一個字則說明了該廟的屬性，從規模上來分：宮是最高等級（如：媽祖宮），廟是有規模的建物（如：武廟），殿是大中型寺廟的一部份，也可以分出獨立（如：北極殿），祠是

在南部的民俗活動裏，王船祭每三年一次，是地方大事，現今以屏東東港東隆宮和台南西港慶安宮的王船祭最為著名。

[27] 有應公包括：大墓公、大眾爺、萬姓公、萬善同歸等，廟前都會懸掛紅布橫幅，上書「有求必應」。

[28] 屬台灣客家人信仰的三個山神，三山指的是：潮州府饒平縣（或說是揭陽縣）的獨山、明山和巾山。

[29] 又稱為玉皇太子爺、哪吒太子、太子元帥、中壇元帥，是典型的神話神（出自封神演義），以高雄市的三鳳宮、新營太子廟為代表。

小廟（如：文昌祠），從教派上分：寺（如：龍山寺）、庵（如：
地藏庵）、巖（如：長福巖）屬於佛教，觀（如：元清觀）、壇（如：
天公壇）屬於道教，堂（如：慈惠堂）、廳（如：關帝廳）屬於一
貫道，祠堂（如：陳氏祠堂）、公廟（如：王氏公廟）屬於家廟。
除此還有院、山、洞、亭、閣、館、園、厝、府、樓、軒、社、寮
等廟稱，十分龐雜，即使屬性是佛教，也有可能是道教的廟宇。

　　當我們進入到廟裏，常會發現神龕上供著兩尊以上的神明，原
來，寺廟中所奉祀的神明，也不是單一的，有著主神和屬神之分，
屬神可再分為從祀、同祀和寄祀三種，從祀又可分為配偶、配祀、
挾侍、分身和隸祀。

　　3.人神媒介

　　在民間信仰的行事裏，也有「神職人員」（和尚、司公、道士、
乩童、八家將），他們不是從事傳教事工，而是扮演人與神靈之間
的媒介，可以粗分為三類[30]：

　　（1）巫覡：為人祭神、祈求保佑，召喚神靈附身以驅除妖魔，
　　　　　　　並為人預卜吉凶禍福，以符咒治百病，可再分為乩
　　　　　　　童（主要法術有：跳童、落地府、驅邪、過火、進
　　　　　　　花園、貢王、過嗣、討嫁、坐禁）、鸞乩（與童乩
　　　　　　　類似，主要法術是扶鸞，在神明前的沙盤上畫出乩
　　　　　　　字或藥方）、法師（也稱法官、豎桌頭，常與乩童
　　　　　　　搭配作法：觀童乩、觀輦轎、關落陰、調營）、符
　　　　　　　法師（畫符驅邪鎮煞，如：平安符、治病符、鎮宅

---

[30]　此三類在道教的五個道派裏，分屬於積善道派（扶鸞、出乩）、占驗道派
　　　（地理師、命相師）、符籙道派（又稱正一教或天師教，其道士稱為司，
　　　也就是司公）。

符、驅邪符等）、尫姨（或寫為紅姨，是作為亡靈
媒介的女巫，法術有：牽亡、問神、解厄、栽花換
斗）。

(2) 術士：以陰陽五行、生剋制化的道理，推斷人事的法術，
來勘地、擇日、推命，可再分為地理師（一般稱為
風水先生、看山先生或堪輿師、陰陽師）、看日師
（精通曆書，專門替人擇取婚嫁、喪葬、喜慶的吉
日）、算命師（以人的生辰八字，搭配陰陽五行說，
替人推算命運的好壞）、相命師（以人的面相，替
人算命）、卜卦師（以籤掛為人預測將來及趨吉避
凶之道）。

(3) 司公：也就是道士，以符籙咒語、驅邪鎮煞辟鬼為術，但
是他們不住在道觀，而是在自家設壇，應民眾之請
施作法術，以度生、度死為業，所以，又分為烏頭
司公（度死或超亡，是死事儀禮的法術，俗稱做功
德）、紅頭司公（度生，是生者儀禮的的法術，如：
建醮、謝平安、做三獻、安胎、起土、豎符、補運
等），紅頭司公決不碰度死，烏頭司公則偶會兼做
度生。

4.寺廟功能

　　寺廟為祭祀神靈的所在，其功能原是宗教性的，然而在台灣移
墾社會的過程裏，我們可以發現寺廟也發揮了其他的功能：人們社
會交際的場所、教化及娛樂的中心、鄉村武力自衛的權力中心、城
市商人行郊買賣的會所、同鄉會館。

從原鄉祖籍神的信仰到族群識別的標籤、轉化成為保鄉佑民功能的本土神信仰，連帶地擴大成為區域性的信仰圈，多重信仰下，多個寺廟為中心點的信仰圈交互重疊，與神明階層高低關係契合，共構成主、次層次的寺廟祭祀的群體關係，媽祖信仰圈無疑的就是最上層的共同信仰領域，而隸屬其下的鄉村小廟則擁有其專屬領域；在這層疊的關係裏，我們可以觀察到小領域的寺廟主事者（仕紳、商人或有力者）有著不能小看的社會力（政治力、經濟力、文化力），他們就是廟會活動裏的「角頭」。

社會的快速變遷，是否使寺廟的多元功能逐漸喪失呢？寺廟是否應還原到單純的宗教性質的祭拜所在？當我們在追索自我文化的同時，寺廟的存在與否是否也已無關緊要？

4-2 歷史的深層智慧

歷史即生活，素民生活的表白可以是文字的、藝術的、歌唱的、戲曲的、口語的，或許你會認定它們難登大雅之堂？也就連帶的把它們從歷史的田野中除去，這樣子對嗎？只有排得進國家演藝廳的才叫藝術？只有交響樂才是音樂？只有蕭邦的樂曲才是天籟？如果是這樣，貴族主流的文化才值得關注，那麼，我們寧可全部放棄。

歷史是整體的，貴族的「高尚」文化是它的一部份，常民的生活才是它的大部分，與土地一同呼吸的人們，從社會活動、經貿往來、人情事故中，千錘百鍊而得的：諺語，是生活的結晶，也是集體的智慧；在天地間徜徉，與生活的苦難或者歡樂一起舞蹈，唱出發自心靈底層的心聲，是民聲，也是天籟，這民間歌謠與唸唱，一路傳唱，更能顯現歷史的意義；我手寫我心，我筆記我思，幾許傳說、典故，只因無關國家大事，只因不涉將相王公，而流為「街談

巷議」，僥倖者，得有抄錄，這些所謂的「民間文學」（這名詞很奇怪）從歷史的角度來解讀，或者更能啟人省思。

4-2.1　生活的結晶

諺語是人們談話的一部分，我們常不自思慮即會脫口而出。

諺語是民間智慧的結晶、是口傳的文化資產，也是升斗小民用以生活、教育、自勵，乃至常識的依循；諺語中存在著經驗傳承、蘊含著社會文化的奧義，或有迷信、重男輕女之語句，或有荒旦無稽不科學之處，大體上，諺語常能發人深省，三言兩語就能一針見血、切中要意。

台灣早期的諺語有多少？在過往的歲月中，歲時節令的慣用語彙已日漸流失，配合歲時節令、婚喪禮俗的語言又有多少？這些曾流動於台灣社會底層的語彙文化，存藏著何種的歷史意義？又有多少民間智慧潛存其中？晚近，有越來越多的學者們在整理與研究，並賦予時代的新意，當然，諺語既是社會生活的產物，自然也是歷史解釋最好的旁白，我們能從諺語裏，觀看到什麼歷史呢？或者說諺語顯現著哪些歷史義理？以下我們擇取幾則[31]，你除了讀出來並了解諺語的意義外，能夠解釋出諺語背後的歷史因由或社會意義嗎？

1. 台灣人，第一憨種甘蔗乎會社磅，第二憨替人選舉運動。
2. 公媽隨人栽，一人一家代。
3. 無錢甲查某講無話，拜神無酒卜無杯。
4. 少年若無一陣憨（音空），路邊哪有有應公。
5. 唐山金龜，有食罔踞，無食飛過坵。

---

[31]　參見吳瀛濤《台灣諺語》，台北：台灣英文，1975.2，頁 1-309。

6. 五天五地：盟軍轟炸*驚天動地*，台灣光復*歡天喜地*，貪官污吏*花天酒地*，政治混亂*烏天暗地*，物價起漲*呼天叫地*。

7. 頂港有名聲，下港有出名。

8. 選舉無師傅，用錢買就有。

9. 過了三貂嶺，不敢回頭想某子。

10.七月半殺（音台）鴨仔，鬼嘛知。

11.食尾牙，面憂憂；食頭牙，捻嘴鬚。

4-2.2　素樸的表白

　　台灣的傳統音樂、戲劇及舞蹈與寺廟活動有著密切的連結關係，從節慶、喜宴到祭祀、謝神、繞境、普渡等，戲曲、舞（武）藝的演出，不只是扮演著過場的角色，也是農業經濟社會裡，人們的休閒娛樂，我們回過頭來，聆聽這些即將失傳的曲音，以藝術的視野重新審視傳統戲劇的腳本，將會發現自我文化的根源，一直在歷史的長廊裏，等著我們延續它的華采。

　　1.音樂：傳統的臺灣音樂，可以分為十一種：聖樂、十三腔、郎君樂、北管樂、南管樂、祝慶樂、喪葬樂、後場樂、福州樂、雜唸、民謠小調。[32]

---

[32] 聖樂專屬台南孔廟祭典所演奏的音樂，十三腔指不屬南、北管的音樂而言，使用二十多種樂器演奏，大都是由仕紳、富商自組名為社或會的樂團所演奏（有人認為是使用十三種樂器而得名，所以又稱十三音），郎君樂使用五種樂器，也是由仕紳、富商組成的樂團演奏，南管樂源自華南，樂調悠雅，不用鑼鼓，鹿港最盛，歌詞使用台語。北管樂源自華北，歌詞使用北京話，樂音熱鬧，常使用於戲台、餐館、娼家，祝慶樂與喪葬樂常被混為慶弔樂，後場樂使用北管，福州樂福州人樂團，雜唸就是唸唱、民謠小調屬於演唱歌曲。（參見片岡巖《台灣風俗志》，台北：眾文，1990.11，頁 233-257。）

2.戲劇： 臺灣民間戲劇的初始型式，是隨著漢族移民引進，原本用於神明誕辰、婚喪喜慶時演出，祈求平安、人神同樂，逐漸演變成為台灣特有風貌的戲劇，可以分為：歌仔戲、布袋戲、採茶戲、車鼓戲、傀儡戲、皮影戲；如以演出時使用的語言來分類，可分為：白字戲、九甲戲、四平戲、亂彈戲。[33]

3.藝陣： 迎神賽會是民間信仰的年度重頭戲，以三月迎媽祖、五月迎城隍最是熱鬧，除了進香拜拜、宴客，最重要的就是遊行了，遊行行列有：八將、獅陣、龍陣、宋江陣、翁肩婆、採菱舞等，有時還加入歌仔戲陣、藝閣陣，這就是藝陣的演出，每一項都有好幾個陣頭相互較勁，俗諺：「輸人不輸陣，輸陣歹看面」意思就在這裡。[34]

---

[33] 歌仔戲於 1910 年代在宜蘭興起，是以歌仔編製唱本的歌劇，型式有點類似京劇；布袋戲又稱掌中戲，從中國引入台灣後，由文戲變為武戲，配樂也從南管改為北管；歌仔戲與布袋戲在 1960 年代後期，因電視的播出而風靡全台，達十年之久，然後日漸衰頹；採茶戲以客家採茶歌為曲調，一男一女於戲台上對唱；車鼓戲又稱車鼓弄，由青年男女穿著艷麗服飾，在戲台或迎神賽會的遊行中即興演出；傀儡戲又稱加禮戲，只有在寺廟落成或驅災解厄時才演出；皮影戲的舞台就是牛車。白字戲使用台語，由囝仔演出，又稱囝仔戲；九甲戲使用泉州話，一班演員九人；四平（四坪、四棚）戲又稱潮州戲；亂彈戲使用北京話，由於發音不正而得名。（參見吳瀛濤《台灣民俗》，台北：眾文，1990.2，頁 245-252。）

[34] 八將是南部盛行的宗教性的舞蹈，遊行時，在神轎前打花臉以舞步前進；獅陣、龍陣、宋江陣大都由武館的成員擔當；翁肩婆是演出者在腰間緊綁一半身傀儡，隨時互換角色的舞蹈表演；採菱舞由少女在腰間綁一艘布船，扮作採菱狀，舞步行進；藝閣有點類似花車遊行。（參見吳瀛濤《台灣民俗》，台北：眾文，1990.2，頁 55-59。）

4-2.3 傳唱鄉音

　　歌謠每是民俗文化的真誠表現，緊扣時代之流轉而唱出社會底層的聲音，能傳唱久遠之歌謠，更有其深遂之意涵，不能鄙俗視之，近代歌謠稍加篩選，也能聽到歷史脈動的聲音，反映著人民在歷史流動過程中的悲與喜，台灣早期之歌謠可概分為：歌仔（七字聯、四字聯，即所謂之山歌）、民歌（近似流行歌曲）、民謠（具有地方特性之歌曲）、童謠、近代流行歌。

　　歌仔目前能唱的並不多，屬於「民謠調」的有：桃花過渡、思想起、丟丟銅、牛犁歌、乞食調等，調音不變，詞則可隨地、隨時而改，屬於「歌仔戲調」的則有固定唱腔，隨劇情而更換歌詞。歌仔的內涵以情歌對唱最多、次為勸世歌、歲時歌（正月調）、育兒歌等。歌仔的表演介於說書與唱歌之間（即唸唱），演出者也會將唱詞集結編印成書（歌仔簿、歌仔冊[35]），在民智未開的時代，反而成為社會教育的傳布者。現在已有學者投入歌仔冊的整理與研究的工作。[36]

　　歌謠是民族心聲的韻律表現，傳唱不衰的曲目，常是因其歌詞有著詩的特質所致，優雅或者哀怨的曲調，是如何扣人心弦？歌詞的意涵如何訴說歲月的滄桑？我們試舉在 1977 年以前被禁唱，由李臨秋作詞、王雲峰作曲的〈補破網〉為例：「見著網目眶紅，破甲這大孔，想欲補無半項，誰人知阮若痛；今日若將這來放，是永

---

[35] 例如：竹林書局出版的《問路相褒歌》，首句就唸「念歌算是好代誌／讀了若熟加識（bat）字／sit 頭咱那做完備／開開通好念歌詩／學念歌仔卻真好／不免合人讀暗學／咱若 sit 頭做清楚／歌仔提來念七桃（chhit-tho）。」其他較出名的歌仔冊有：《戴萬生》、《陳守娘》、《鄭國姓開台灣》、《甘國寶過台灣》、《周成過台灣》、《林投姐》、《社會勸世歌》、《運命天注定》、《食新娘茶講四句歌》等。

[36] 參見鄧文淵〈聽我念歌解憂愁——台灣七字民間說唱淺論〉，台灣咁仔店網站。

遠無希望，為著前途針活縫，尋傢司補破網。」表面上，是漁民生活的寫照，深入解讀這首發表於二二八事件次年的歌曲，那種期待社會重建的希望，盡在字裏行間，期待著惡夢快快消散。

4-3　歷史的樸素臉孔

　　從精緻的上層社會回來，回到我們最真實的生活裏。

　　原應是熟悉的環境，卻逐漸感到陌生與不識：片瓦隻牆、街弄屋舍，從舊到新，從傳統到現代，從土厝磚房到都市的水泥森林；小橋流水人家的住居，早已是詩人墨客的想像世界；「吃飽沒」的寒喧問候，挨家挨戶的穿堂而過，盡入歷史的境界；咁仔店的雜七雜八、米肆的升斗、書攤的穿線書、菜市場的蚵仔麵線、深夜裏小販吆喝的「燒肉粽、臭豆腐」，這樣的生活情境，全被所謂的新人類們劃入到「老古董」裏。取代而來的是：守在電視機前觀看沒有劇終的連續劇、只有政治謾罵的新聞；攤開的報紙全是八卦與爆料；二十四小時的便利商店，加速我們越來越疏離的人際關係；守在電腦前，用時間與遊戲軟體拼死活，MSN 逐步萎縮我們的談話機能，聊天室虛偽地遮掩掉真實的面孔，網路世界的全能化使我們開始足不出戶。

　　回到歷史，觀看早期的社會生活，將會發現：過往的歲月與我們依然相繫，陌生的是我們認識世界的心。

4-3.1　家居生活

　　羅馬不是一天造成的！一個城市的形成有它的歷史過程，從一個家屋開始，慢慢擴展為聚落，這聚落可以是幾戶人家、一條街，一個

村莊、城鎮，或者快速發展為城市、大都會，怎麼來的？在這聚落的
發展裏，社會如何變動？經濟如何發展？文化活動如何開展？

1. 聚落

從地理學的角度來看，臺灣的聚落表現出來的是北部為散居
型，南部為集居型；台南、鹿港、淡水、台北是河港發展成的商業
都市，彰化、嘉義、台中、鳳山、新竹是行政中心的政治都市。從
歷史的角度來看聚落的形成，城鎮發展是從一條街開始，進而為十
字（或丁字）交叉的街市，商店及住屋以此主幹逐步向外擴大，形
成街道環繞的城市（台北「城」是台灣唯一的方形都市，台中與高
雄則是日治時期規劃出的棋盤式都市），政治型的都市有城牆的建
構（已拆除殆盡）。

早期的街市構成，是以廟為聚落的中心，這是民間信仰與初民墾
拓的生活聯結，據此，我們可從寺廟信仰神的屬性類別，約略看出居
民的屬性或族群別；廟的所在就是街頭，一般會有廟埕作為活動場
所，因此容易形成市集，街尾會有土地公廟（或大眾廟），如此，我
們又可從土地公的坐落位置及形成年代（都市年輪），來推估出城市
成長的步驟，十字交叉的街道把聚落簡單分成四區，每區也會有其他
信仰神的廟，形成小信仰圈，隸屬市中心的寺廟（媽祖、城隍或三山
國王、開漳聖王等）信仰圈，廟會祭典的爐主因而被稱為角頭。

從建築學的角度，我們也可以去探討聚落建築的特色與風格，
如：寺廟建築、城牆建築、庭園建築、家屋的類別與空間、營造方
法、匠師（匠派）風格、各期建築特色、西式建築、日本風格建築、
當代建築等。[37]

---

[37]　參見李乾朗《台灣建築閱覽》，台北：玉山社，1996.11.頁 87-93。

2. 家屋

早期臺灣民間的家屋建築，依其格局可以分為：一條龍、單伸手、三合院、四合院、多護龍、多落、街屋等七種。[38]在使用建築材料方面，城市和富有人家多為磚牆瓦屋，鄉村多為竹厝、木屋和土角厝。

臺灣舊式家屋規格，無論貧富，基本上是一致的，以一條龍（正身）為基本格局，一廳二房的稱為三間起，一廳四房的稱為五間起，中間為正廳（中廳、大廳、客廳），是辦理祭拜等儀禮和接待賓客的地方；兩邊為正房，左是大房，右是二房，為家長臥房；再往旁為室，為未成年子女的臥房（一間作為廚房），如果一開始是三間起的家屋，而往兩旁各增建一間時，屋頂的高度會降低，稱為落敄（座仔），是準備往前延伸增建的轉角，這往前延伸的屋子也略同於一條龍的格局，稱為護龍（伸手），兩邊都建護龍，就是三合院了（一般稱為正身帶護龍）！中間的空地是曬稻穀的地方，稱為前埕，如果再於埕前再蓋一條龍，中廳打通成為大門、玄關，則是四合院（一般稱為兩落帶護龍）。[39]

三（或四）合院住家，約略等於一個三代同堂的家，如果再不敷使用，可以往護龍兩旁增建第二護龍，就是內護、外護，或者，就在正身或是護龍後面新起一個三合院，如此，不斷增建下去，就形成一個龐大的家族聚落。

我們要去注意的是，家屋配置與家族繁衍相互間的關係，廳堂是宗祧所在，同堂所出是為堂兄弟姊妹，房是已婚的男子的居室，依長幼序為長房、二房、三房，未成年者及女性則居於「室」；家

---

[38]　李乾朗《台灣建築閱覽》，台北：玉山社，1996.11.頁 61-63。
[39]　參見國分直一《台灣的歷史與民俗》，台北：武陵，1991.9.，頁 132-159。
　　吳瀛濤《台灣民俗》，台北：眾文，1990.2，頁 207-208。

屋房間的編配和宗族關係，有條有理的結合在一起，長房所出、二房子孫、三房派下的家族譜系，就寫在家族聚落的分布圖上。

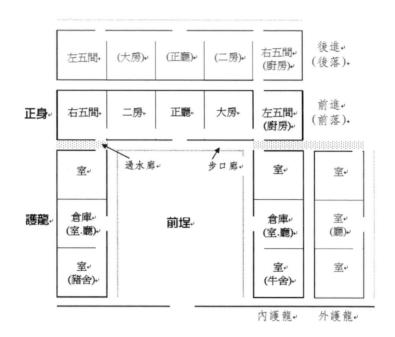

4-3.2　采風擷俗

　　台灣的民俗文化包羅萬象，舉凡與人們生活相關的一切都可含括在內，關於神靈信仰、生命禮俗、歲時祭儀、聚落、諺語、歌謠、戲曲等，我們已浮光掠影地加以探討，此外還有：衣飾、飲食、居住、藝術、文學、文書、法律、交通、生產、工藝、家族、宗族、結社等，無法一一述說，我們就此打住，采風擷俗的後續作業就由你來接手。

第五章

小歷史、大歷史：家族史到社會史的歷史縱深

5-1　書寫家園──寫自己的城鄉史

我們在哪裡，歷史就從哪裡開始。

你去找過、閱讀過關於自己出身所在的鄉鎮歷史嗎？家在這裡，卻無法和鄉土歷史「超連結」，如何能奢談對台灣這塊土地的愛戀！

用興奮的心情告訴訪客，家園的特色在哪裡，訴說家族、鄉里的榮采與驕傲，細數山水風光、一草一木，在向外人導覽自己家園的動作裡，你將發現傳統的可貴、自我尊嚴的所在。然而，這之前，我們更需要先向自己說明自己的歷史吧！展開地圖，你住在哪裡，歷史就從哪裡開始。

5-1.1　城鎮鄉村歷史的書寫

傳統史學裏，地方史、邊疆史的書寫，被鎖定在地方志的範疇中，而傳統志書的書寫，雖較正史活潑許多，卻也因循著固定的格局，難以迎合時代的需求；何況志書編修大都止於縣志、府志，城鎮鄉村的歷史被單獨書寫則是晚近的事，如此本末倒置的歷史書寫程序，真是怪異的現象！從家、村莊、城鎮、縣市到國家的層疊關係來看，國家歷史是最後的書寫鏈，然而，所有的歷史家幾乎都跳脫開來，寫整體社會、國族的歷史。

　　中國清代史學家章學誠[1]，對於地方史有著極為正面的論見：「傳狀志述，一人之史；家乘譜諜，一家之史；部府縣誌，一國之史；綜紀一朝，天下之史也」[2]。認為方志屬於信史，是一方之全史，應遵循「史家法度」。[3]至於方志體例，他認為地方志可分成三部份：志、掌故、文徵；志是主體，包含紀、表、考、傳，是成一家之言的著述；掌故是在保存案牘、典章等史料，而文徵是輯錄反映風土人情、兼能證史的藝文。三者相輔而行，缺一不可，三書合一，也為不可。[4]他認為方志更要博收廣記和徵信，因為「方志為國史取裁之備，故史主簡要，志貴詳備，部府州縣之志，以漸加詳焉。」[5]意即，要廣羅志材，以往志書、官府案牘、私家著作、圖像譜系、金石文字、歌謠諺語、巷議街談，都應在搜集之列。

　　章學誠點出了地方史是國家歷史的礎石，書寫者不僅要以史學的方法撰史，也要兼顧歷史材料的存真，不同的是：地方史書寫者的筆觸所及就是史料所及，書寫現實、現時的歷史記憶尤為地方史家的責任。

　　晚近，雖已有許多歷史學者投入城鄉歷史的書寫，然而，考察當前各鄉鎮公所或農會或縣市政府架設在網站上關於鄉鎮的歷史，將發現到城鎮歷史被「充篇幅、作版面」的現象，「剪刀漿糊派」把道聽塗說當成寶藏，揉雜傳說、神話與揣測為歷史，透過資

[1] 章學誠是清代著名的史學家、方志學家，章學誠窮一生精力投入方志的編修和理論的建立，對方志的性質、體例、功用及編纂原則、方法、要求，提出深具創見的主張；著作有：《文史通義》及《和州志》、《亳州志》、《麻城縣誌》、《湖北通志》等志書，另有：《校通義》、《方志立三書議》、《修志十議》、《州縣請立志科議》、《方志辨體》等文論。
[2] 章學誠，《州縣請立志科議》
[3] 章學誠，《修志十議》
[4] 章學誠，《方志立三書議》
[5] 章學誠，《永清志士族表序例》

訊傳播的迅捷管道，將以訛為真的歷史訊息「草率地」散播出去，實在令人憂心。反思這錯置的現象，大眾史學的推動已是刻不容緩。

5-1.2　羌子寮的歷史原野

關於鄉鎮的歷史書寫，我是怎麼寫的呢？閱讀前人著述是必要的，如：伊能嘉矩《台灣文化志》、《台灣地名辭書》、臨時台灣土地調查局《台灣土地慣行一班》、《台灣府志》、《台灣通史》、《彰化縣志》、《雲林縣采訪冊》、莊英章《林圯埔》、劉枝萬〈南投縣人文景觀〉、《臺灣中部碑文集成》、張輝邦《廣興村發展史》、洪敏麟《台灣舊地名之沿革》等。

書籍的閱讀有助於我們對主題的概括認知，而繪製一張合適的地圖及實地踏查，則是撰述歷史的必然過程，將蒐集到的材料分類、比對、依時序排列，將發現到闕漏與盲點，年代愈久，斷層更多，雖然這是治史者常見的困境，卻也因此須及時書寫，才無遺憾，所以我寫〈鹿谷鄉的歷史變遷〉[6]，雖尚屬初稿，應也能與大家來連結家鄉的歷史。

山明水秀大坪頂──鹿谷鄉的歷史變遷

鹿谷鄉這個地理區，被稱為大坪頂，有一百五十年以上的歷史。

大坪頂被改稱為鹿谷，則尚未滿八十年。

鹿谷與竹山的歷史發展緊密相連，即使到了一九五〇年南投建縣，竹山、鹿谷分治，兩個鄉鎮在自然與人文地理上的特殊關係，也無法因此而「分治」，意即，在政治的行政管轄

---

[6]　林柏維《鹿谷茶飄香》，〈山明水秀大坪頂--鹿谷鄉的歷史變遷〉，台北：紅樹林文化，2004.2.，頁 24-27。

上，雖是分離的，然而在交通、物產、文化、民俗、語族等
各個歷史面向，竹山與鹿谷依然一體。

竹山地區的漢人墾拓史，一般皆以為自明鄭時期開始，緣於
參軍林圯率軍屯墾水沙連之竹圍仔（推估為一六六四年左
右），當地平埔族雖被驅趕至東埔蚋（臘），卻趁夜反擊，
滅林圯軍士，後來，何人領導其「殘部」重新拓墾？史書未
載。然而，竹山卻自此稱為林圯埔。

一六六九年，林圯的部屬杜、賴兩姓進入濁水溪南岸，立番
漢和約，是社寮墾拓之始。康熙末年（一七二〇年左右），
漢人足跡已來到水沙連茶產地之大水堀庄附近，如此，與社
寮一山之隔的清水溝流域，自然成為竹山墾民下一梯次墾拓
的原野。

一七四〇年（乾隆五年），程志成鑒於清水溝平原可開成沃
田，向彰化縣府衙稟請開墾，取得墾照後，從鹿港率領其部
屬至此驅逐番民，把所佔領的土地分配給十二位部屬（歷史
上稱之為墾佃，也就是小租戶），由他們各自招佃開墾，經
十餘年的墾拓，頗有成就，他們雖於番仔寮西邊築外城、大
坵園南邊建內城來防番，仍不敵番民的反擊，墾民悉被殺害，
墾地歸於荒蕪，卻也寫下漢人墾拓鹿谷的第一頁，一七五一
年張禎祥續而入墾，半個世紀後，嘉慶年間（1796-1820 年），
王伯祿重蹈舊路，改採懷柔安撫之策，息番漢衝突，乃能招
佃開墾，龜仔頭庄、牛輛轆庄、番仔寮庄、九寮庄、外城庄、
大坵園庄等聚落相繼形成。

一七五六年（乾隆二十一年）左右，許廷瑄向彰化縣府衙取得墾照，與合夥人四名，由林圯埔進入大坪頂，在新寮街築屋住居，招佃前來開墾大坪頂，吸引不少福建漳州之移民，佃民益聚，先是粗坑庄（初鄉庄）聚落的形程，繼而有坪仔頂、新寮街、車輄寮、羌仔寮、內樹皮、小半天等聚落。職是之故，眾佃尊許廷瑄為許頭家，現今鹿谷村祝生廟內仍附祀其靈位，曰「沙連坪山館業主監生許萬青」，這一「長生祿位」牌，佐證著，許廷瑄是沙連坪的墾首（業主），而且是位讀書人。

從零星的紀錄裏，知道，一七五〇年代這個時期尚有：柯清墾初鄉板仔寮，林伯朋（他是我的祖父林才的曾祖父林三顯的祖父）墾凍頂，林灶墾小半天、林敦原墾羌仔寮，莊忠信、葉寧靜進入內樹皮，張天求墾坪仔頂、沈劉二姓墾小半天，這些人是否即為許廷瑄之墾戶？而許廷瑄自身則經營新寮與車輄寮一帶之平野？如是，則大坪頂七處同時墾拓，規模至為宏大。此後，乾隆末年有林文俊、林昭、林聯德、林文澤，嘉慶時有黃澤、曾長隆、道光時有莊懷玉、李南山（墾內湖），相繼入墾大坪頂。據「賢德可嘉」碑文：傅氏夫君許睿「承先世業，有坪頂七處草地」，則許睿與許廷瑄應有所關聯。

一七八六年的林爽文事件，福康安率大軍駐紮江西林（照鏡山），得大坪頂墾民之助，清剿退守於小半天山的林爽文殘部，大坪頂遂有大順嶺之別稱，嘉慶末年（1820）時，大坪頂七庄已名聞遐邇。

一八二一年（道光元年），漳州人莊姓者墾拓大水堀庄（後人立開山廟於大水堀湖畔，誌念其德澤，不敢呼其名諱，稱為莊開山公，遂失其名），至此，整個鹿谷鄉幾乎已完全墾拓，道光中葉，更有邱姓墾戶越過鳳凰山，前往內茅埔（今信義）與原住民議約墾地。

一八七五年，吳光亮率兵開鑿中路橫貫公路，大坪頂不惟是通向後山的起點，更是番漢交易的要衝，《雲林縣采訪冊》就如此形容當時的繁榮景象：「大坪頂七處，民居稠密，煙火萬家，七處山產，甲於全堡。」東扼交通咽喉的地理位置，使第一任台灣巡撫劉銘傳決定建縣於此，一八八七年，以竹山的雲林坪為縣城所在，如此，濁水溪以南、北港溪以北的新縣就名之為雲林縣，首任縣丞陳世烈更題書「前山第一城」，並勒石誌事。

一八九五年，日本治台後，行政區劃更動頻繁，林圯埔先後隸屬台中、彰化、嘉義、南投等縣或廳，一九二〇年後，州郡街庄制確定，鹿谷屬於台中州竹山郡，一九五〇年，國民政府採行縣市、鄉鎮制，鹿谷方與竹山同屬南投管轄。

值得一提的是，一八九九年七月，台灣總督府在大坪頂設立羌仔寮警察官派出所，一九〇四年四月三十日稱大坪頂為沙連堡羌仔寮區，並設區役場（公所）於新寮，這應算是鹿谷竹山分治的開始吧！一九一二年再將區役場移到羌仔寮，後來，一九二〇年的地方制度改正，日本人將沙連堡羌仔寮區更名為竹山郡鹿谷庄，這就是「鹿谷」的由來；一般人，總

　　　　是喜歡給這地名美麗的聯想，說：大坪頂多鹿，山谷交錯，
　　　　所以叫鹿谷，這樣也好。

　　從城鎮再縮小至村莊的歷史書寫，我所寫的〈素描車軮寮〉[7]，
記述著二十世紀鹿谷鄉最繁華的村莊的歷史：廣興和它的林業發
展。村莊史的書寫在未來應會蔚成地方歷史書寫的潮流，我們也引
領期待：讓更多具備「信史」條件的村莊、聚落史疊層為城鄉史，
進而建構出真正屬於人民的台灣歷史。

5-1.3　城鄉歷史書寫的話題

　　城鄉歷史，從人物、家族、典故、信仰、生活、習俗、交通、
產業、人文、藝術、景觀、地理、政經大事，都應入史；在書寫的
過程中，將發現到一些台灣特有的歷史素材，它們看似平常卻總透
露著出人意想的答案。

　　奇特的地名與想像的解讀，在我對鹿谷鄉廣興村的村史研究
上，表現出來的有：廣興原名車軮寮[8]的解讀，公厝[9]的由來。

---

[7]　林柏維〈素描車軮寮〉，原文請見《歷史月刊》191 期，2003.12；或至【林
　　柏維的窗口】網站點選《車軮寮工作室》選單進入（http://mail.stut.edu.tw/
　　davidlim/）。濃縮版改題〈速寫車軮寮〉收錄在《鹿谷茶飄香》。

[8]　「這個村莊吸引人的原因，是她有著一個奇怪的名字，「軮」這個字怎麼
　　唸？車軮是什麼？為什麼叫做車軮寮？軮字念ㄍㄨㄤ，福佬語發音與關門
　　的關字同音。許多人臆測著：因為開墾初期，移民在此搭建茅寮，採伐木
　　材製作『車軸』，所以得名。或猜測著：運山產的牛車，車輪發出ㄍㄨㄤ
　　聲，因此命名。或者不顧史實，說車軮是日治時期台車之橫桿，而橫桿產
　　於此處，故有此名。實際上在台車用語裏，車軮係指車輛的煞車桿，上述
　　說法太有想像力了！合理的推測，應是原住民用語之漢字翻譯，翻查與此
　　村落同時期墾拓之地名，如：牛輈轆、東埔蚋、集集埔可為參佐，至於字
　　義為何？何以此名？「不得而知」方合史實。」（林柏維《鹿谷茶飄香》，
　　台北：紅樹林文化，2004.2.，頁 46-48。）

[9]　從「賢德可嘉」碑的文字中尋得蛛絲馬跡，此碑係表彰許睿之夫人傅氏母
　　儀大坪頂，而立此碑者有廩生楊鴻藻、生員林大業、舉人林鳳池、廩生陳

　　擴大話題到：小半天、內湖、深坑、東埔蚋，乍看這些地名，你怎麼解讀？

　　鄉裡有位小學老師解釋說：以前的人要走老半天的路才會到，所以有小半天這個地名，內湖是因為從前在山裡面有個湖，深坑是因為以前那裡有個很深的坑洞，至於東埔蚋嘛，因為它是竹山東邊的草埔，以前蚊蟲很多；望文生義是很多人在看待家鄉地名時最常見的錯誤，雖然在歷史地理也有望文生義的例子（台灣各地有很多聚落名為廣興，屬於客家聚落，至於鹿谷鄉這個廣興，則是戰後所命名，取廣通興旺之義），然而這裡所指出的全不是這回事。

　　遠觀山勢，高聳入雲，猶如半天之中，近者為小半天，遠者為大半天；地勢如盆，彷如身處湖底，遠者為內湖，近者為外湖，台灣話裏對水流的四級區分是：水多可行船者為港，水多流長可行船為河，終年有水不能行船者為溪，經常無水的河道為坑，深坑當然屬後者，雲林的古坑、台中的旱溪（乾坑）、宜蘭的礁溪（乾坑）都是這種涵義，至於東埔蚋（ㄇㄨㄟˋ）則是平埔族語的台語譯音，蚋字應是吶（ㄋㄚˋ）的錯別字。還有更多的地名，從台灣整體的歷史上去看，都有其共同的規則。

宗器等鹿谷鄉一時賢達，碑文謂：「承先世業，有坪頂七處草地，能剖情晰理、解紛排難，息其訟獄者，不可勝計。坪頂人心悅服焉！」意味著，車軼寮許家在一八五〇年代的鹿谷鄉有著舉足輕重的社會位階，而許家有「坪頂七處草地」，當指七處分墾田野，意即大坪頂七庄，如此，許審身為大坪頂業主至為明顯，惜未得其與許廷瑄相互關聯之佐證，然而光華巷（店仔）是車軼寮最早形成之聚落，卻已明晰可見，而此碑立於距離巷口五十公尺處，再往前為土地公廟，更往前為大眾爺廟，正是舊車軼寮聚落的地理證據，意即與傳統村落之村莊入口為土地公廟、村外為大眾廟（有應公廟）的型態吻合；現在之社區活動中心，舊稱「公厝」，又係何來？不也吻合業主（墾首）收租設館的歷史進程！如是，則清代許家墾拓大坪頂，以新寮為居處，車軼寮為收租之「公館」，遂在公館前形成店仔街。（林柏維〈素描車軼寮〉，《歷史月刊》，191期。）

　　再如有趣的宗廟信仰，三山國王廟是客籍聚落的表徵，鹿谷鄉的清水村也有，卻是漳州人自鹿港荷婆崙之霖肇宮分香而建立的寺廟，客家人加入墾拓行列反而是後事；同樣是漳州移民，鹿谷地區主祀慚愧祖師，竹山的社寮地區主祀開漳聖王，兩區為了竹山連興宮的媽祖繞境，產生迎二媽的衝突，最後鹿谷地區改變為秋季迎的冬尾祭。

　　城鄉歷史書寫的話題很多，諸如敬字亭、祖師廟、輕便鐵道、橫貫公路等，列舉不盡。

　　鄉鎮歷史的書寫當然是一件大工程，但是我們總該踏出第一步，就先從手邊既有的資料著手吧！先針對細項寫短篇的歷史文章，或者寫大項但為概略性的歷史文章，逐步累積，就能有傲人的成果，為迎上電腦化的時代，架設專屬網站或網頁，更能突顯成果，透過圖文把城鄉歷史活絡起來，相對的，網路化也能使我們「意外地」獲得指正和資料的提供，當然，千萬不要期待上網者會源源不斷的挹注你所欠缺的史料，網路擷取者才是受惠者，而歷史工作者最終還是要守住寂寞。

5-2　書寫群體──寫自己的家族史

　　區域的歷史主要環繞在空間領域的敘述，然而作為主體的應是人、家族、族群或社群，在一定空間下的群體是如何創建他們的歷史的呢？他們怎麼來、怎麼去？來來去去，成就了何事？終於落地生根，和別的群體產生了何種樣貌的互動關係？在立足之地，他們的文化、經濟之活動、形態如何？群體相互間所建構的社會關係如何？當我們開始涉獵這樣的史事時，家族的歷史就浮現出來了。

　　當我們反思到家族歷史時，將會發現祖先口傳下來的故事越來越少，執筆書寫時方頓悟到「可信度」的問題，也才感受到史料捉襟見肘地境遇，兩三百年的家族發展史，除了祖先們留下來的永遠無法完整的家譜外，似乎無甚可談了！原因在哪裡？責怪祖先沒有歷史學的素養是沒有用的，因為闕漏就在我們這一代手上，我們如不著手書寫，時間之河一過，流失的只有更多，所以，動手吧！蒐集史料、書寫歷史，就從你我開始，尤其當下的種種事物，凡你所見所思所聞所寫，都是第一手的歷史（當然也是未來修史者的原手史料）。

5-2.1　家族歷史的書寫

　　書寫家族的歷史，首先要界定好家族上延的界點（歷史斷限），也就是從誰開始？自此人之後的子孫就都在家族史書寫的範疇之內。

　　釐清家族內的從屬關係要從制定世系表[10]開始，及製作大事紀，並儘可能書寫人物傳，這三者是書寫家族歷史過程中的骨架，且隨著史料蒐集的增多及考證後，需隨時校正。家族歷史的書寫內容可包含：(1)先民移徙到定居的移民過程、(2)家族墾拓或經營的主要事業、(3)家族成員在科舉功名或文學、武功的表現、(4)家族在政治方面的參與、(5)家族的宗教信仰或所參與的宗教事務、(6)家族在地方上與其他家族的競爭或協力關係、(7)家族的婚姻圈、(8)家族勢

---

[10] 　古代以世系表為「譜」、家傳為「牒」，合稱譜牒，也是一般人所謂之族譜。綜合各家族譜文獻，其內容可有：序文、凡例、家訓、族規、筆序、姓氏淵源、家族歷史、世系、家傳、像贊、藝文、恩榮、祠堂、塋墳、五服圖、修譜名錄等。族譜也是人類學、歷史學、社會學、民俗學、人口學乃至經濟學研究的材料。
　關於編修家譜資訊，可到〈台灣尋根網〉http://genealogy.hyweb.com.tw/index.jsp 等類似的網站瀏覽。

力的興與衰、(9)家族中重要成員的傳記。當然以上所列並不是定規，每一家族皆有其特色，也有因史料闕漏以致事與願違的可能。得有較為完整的家族史輪廓後，還可擴大到與其他家族的比較上，諸如：政治實力的比較、社會網絡的建立、宗教事務的參與度、祭祀圈的競逐關係。

巧婦難為無米炊，歷史的書寫礎石：史料的蒐集與掌控自然關係到家族史書寫的規模，家族史料的來源可分內外兩個層面：

1. 家族內部史料，包括：古地契、買賣契約、帳簿、權狀、戶籍資料、婚書、訃聞、日記、書信、證書、獎狀、老照片、圖冊等，凡是家族成員具有紀念意義與保存價值的物件皆為史料，這些零碎的文書要在一朝一夕間蒐到自是不可能，全賴平時的留心收存，資訊化的今天，數位化處理不僅有備份保存的作用，更方便於流通與歷史的撰述。

2. 家族外部史料，包括：官方公文書（例如：清政府宮中檔、台灣總督府公文類纂、專賣局等機關檔案等）、私有文書（例如：古契字、鬮書、紀念冊、寺廟功德榜）、出版品（公開發行之姓氏族譜、各式人物傳、報紙期刊、方志、近世學者專家撰述之專著與文論）、口述歷史、田野調查。

史料收集到一個段落，就可以是歷史書寫的開始，須知歷史材料的蒐集或出土是沒有止境的；書寫的步驟已在第三章〈歷史的書寫〉中說明。

5-2.2　重量級的家族

行有餘力則以學文，在自己的家族之外，你也可以書寫別的家族的歷史，當然專業是必須的，目前關於家族史的專著中，可參閱：

《張士箱家族移民發展史》[11]、《霧峰林家的興起 1729～1864》、《霧峰林家的中挫 1861～1885》[12]、《清代竹塹地區的家族與地域社會》[13]、《龍井林家的歷史》[14]、《板橋林家林平侯父子傳》[15]等書，作者尹章義、黃富三、黃朝進、許雪姬等，都是台灣史學界的權威，他們所書寫的家族與自己並無血緣關聯，其著作卻備受肯定。

在台灣歷史發展的過程中，家族扮演著何樣的角色呢？一個家族的興衰過程也能是一個區域，乃至整體社會發展過程的縮影！某些「重量級」的家族，他們的成員甚至在不同的時代裏各領風騷，霧峰林家的林文察、林朝棟、林獻堂就是令人讚嘆的例子；當然有些家族也曾在某些年代有過風光歲月，如今卻衰退了！

重量級的家族在台灣的歷史田野裡還有哪些呢？超重量級的有日治時期被稱為五大家族[16]的板橋林家、霧峰林家、高雄陳家、基隆顏家、鹿港辜家。重量級的有：北部的宜蘭黃家、台北李家、艋舺高家、艋舺張家、稻江陳家、士林楊家、北投陳家、南港闕家、內湖葉家、深坑黃家、大溪李家、龍潭蕭家、新竹彭家、內埔姜家，中部的台中張家、西屯廖家、北屯賴家、豐原張家、清水楊家、龍井林家、社口林家、彰化吳家、員林張家、竹山林家、草屯洪家、斗六吳家、西螺廖家、莿桐林家，南部有嘉義蕭家、麻豆林家、台

---

[11] 尹章義《張士箱家族移民發展史：清初閩南士族移民台灣之一個案研究（1702～1983），南投：台灣文獻委員會，2001。

[12] 黃富三《霧峰林家的興起：從渡海拓荒到封疆大吏（1729～1864）》，1987；《霧峰林家的中挫（1861～1885）》1992，台北：自立晚報。

[13] 黃朝進《清代竹塹地區的家族與地域社會：以鄭、林兩家為中心》，新店：國史館，1995 年。

[14] 許雪姬《龍井林家的歷史》，台北：中央研究院近代史研究所專刊（59），1990.2。

[15] 許雪姬《板橋林家林平侯父子傳》，南投：台灣省文獻會，2000.6。

[16] 參見司馬嘯青《臺灣五大家族》，台北：自立晚報，1987。

南吳家、橋頭余家、屏東張家，外島有澎湖歐家、金門陳家、金門蔡家。他們田土萬頃、富甲一方，或是營商致富、日進萬金，或是科舉功名、官商兩利，或是風雲政界、權傾一時。

漏掉了哪些？請你來補吧！或者你也可就上述家族撰述不同凡響的家族史。

5-2.3　書寫鄉里人物

書寫人物可以用嚴謹的學術方式來書寫[17]，也可以用文學性的散文體來書寫，皆須引述有據，不能道聽塗說，如有闕漏即應「存疑」，不能妄下定論。以下選取我以散文體所撰寫的鹿谷鄉舉人林鳳池為例，引領大家進入鄉里人物的歷史書寫。

誰是林鳳池？[18]

誰是林鳳池？歷史時光必須倒回到十九世紀的鹿谷，那個時候鹿谷的地名是大坪頂，屬於沙連堡的一隅，歸彰化縣管轄，沙連堡含括今天的竹山鹿谷，彰化縣則統有今日之台中、彰化、南投三縣。

林鳳池，字文翰，一八一九年二月十九日，生於粗坑庄，也就是現在的初鄉村。

同屬沙連堡的社寮庄有位清士張煥文（字曰華，號郁亭），自少明敏，篤志力學，更以孝名傳鄉里，乃有臺灣府知府周鍾瑄致送「孝德維風」匾額事，無意於科舉功名的他，仍不

---

[17]　例如林柏維〈醫國也醫民--台灣新文學之父：賴和〉，《醫望》期 2，頁 47-51，1994.6.。

[18]　林柏維〈誰是林鳳池？〉，《台灣日報》，2004.1.5-6.，頁 23。

能免於被選為「恩貢生」，生平大志乃為「家居課授生徒，能以砥礪廉隅，興起斯文為己任，後學多為其所成就。」

林鳳池，就是張煥文的得意高徒，當然也「篤志嗜學，事父母，以孝聞；教人嚴整有威，嘗以力學為訓」，而張煥文在林圯埔街（現在的竹山市區）成立郁郁社，與「訓導陳希亮、廩生劉玉章招諸士子講學，會文結社」，他也應是成員之一，後來，大坪頂的新寮也成立了類似的講堂「彬彬社」，史書雖未詳載，應也有所關聯吧！

在一八五五年（咸豐乙卯）時，林鳳池渡海福州，以彰化縣學附生的出身，獲取為舉人第九十名。這是鹿谷地區開天闢地的大事，以「空前絕後」來形容應也不為過。可能也因這無上的榮采，遂使「林鳳池為報答林三顯資助科考盤纏，攜回武夷山茶苗三十六株回報，就是凍頂茶的由來。」流傳鄉里，譽為美談，然而細讀鹿谷早期歷史的主要史料《雲林縣采訪冊》，並無相關記載，即使傳言的可信度極低，然而大家也都習於接受這種傳奇式的故事了。

甚至，竹山媽祖廟的修建也都和林鳳池的反哺連上關係。

實際上，媽祖廟（連興宮）為「里人公建，廟貌巍峨；歲時，村社迎迓、演劇酬神。咸豐丙辰（1856）年，孝廉林鳳池等勸捐重修。」

林鳳池進京參加會試，雖未取得進士功名，也於一八五八年援例被授以「內閣中書、加侍讀軍功，即補廣東分府，賞戴

「藍翎」的資格。所以，一八六一年修建的社寮聖蹟亭之碑記中，他的頭銜也由孝廉、舉人提升至內閣中書。

同治元年，也就是一八六二年，清末台灣最大的民變：戴潮春事件爆發，彰化縣城淪陷，其黨羽戴彩龍、劉守「以沙連扼嘉、彰陂圳之要」而進佔，林鳳池率陳貞元、陳上治、林克安、廖秉鈞等諸生高舉義旗，成立保全局，招集鄉壯義民，聯莊拒賊，次年四月二十八日，激戰於林圯埔，復城不成，廖秉鈞被俘，死難於斗六門。後，臺澎兵備道丁曰健主平亂軍務，林鳳池奉命與舉人陳肇興等率團分紮要隘，以資策應。再次年，轉守為攻，與都司張顯貴、知縣白騶良、華廷錫、廩生張春華、義首陳捷三等合路平洪潘、洪欉等戴潮春勢力，令人遺憾的是沙連大坪頂人劉建成因奉林鳳池之命勸降劉守，反而被虐死難。

一八六五年，亂事平定後，丁曰健在奏請敘獎的文牘上說：「內閣額外中書林鳳池……該員等率帶精勇佔紮要隘，力搗賊巢，斬獲甚多。且各該員前曾隨同規復彰化、生擒戴逆；或又攻克山海逆莊多處。今復戰功懋建，洵屬始終奮勉……林鳳池擬請免補中書，以同知儘先選用……請賞戴藍翎。」因此，林鳳池的功名又晉級了：欽加布政銜內史舉人林鳳池，這可從賢德可嘉碑上的名銜窺見。

待補官缺的林鳳池，何時到京補缺？因何緣故以四九之齡客死異鄉（天津會館）？徒留大坪頂鄉親的錯愕與惋嘆。

誰是林鳳池？歷史時光回到現時，一碣神道碑：「皇清誥授
奉政大夫即補廣東分府賞戴藍翎鄉進士加內閣中書侍讀」的
名銜，俱已化作白雲，千載悠悠。

書寫人物傳記，在史料足以撐持的情形下，「傳主」的出身（生
年、家世）、生平（一生重要經歷）事蹟、思想、社會位階、對地
方或國家、社會的參與及重大貢獻，都應有所著墨，當然，歷史定
位（有如史記的太史公曰，是書寫傳記的人對「傳主」的歷史評判）
也應寫出，如有爭議，則以疑問語氣書寫，暫不定論。

5-3　書寫社會

從個人、家族到社會，歷史的書寫方向，從鉅細靡遺的敘述與
考究，走向視野寬廣的整體論述與研究，切入點可以是社會經濟的
探究，如：馬若孟（Ramon Myers）《台灣農村社會經濟發展》、
林滿紅《茶、糖、樟腦業與晚清台灣》，可以是社會結構的分析，
如：陳其南《家族與社會：台灣和中國社會研究的基礎理念》、戴
炎輝《清代台灣之鄉治》，可以是文化現象的解構，如：林淇瀁〈日
治時期台灣文化論述之意識型態分析〉、尹章義〈閩粵移民的協和
與對立：客屬潮洲人開發台北與新莊三山國王廟的興衰史〉，可以
是政治體質的檢驗，如：張炎憲〈台灣史研究與台灣主體性〉、李
筱峰《台灣戰後初期的民意代表》。歷史的研究當然還是在學術的
規範之下，但是，歷史論述中，顯然的，「論」與「述」間的比重
有了不同，也就是歷史解釋面在歷史敘述中被撐開了。

書寫社會的面向是無限寬廣的，從原民社群、信仰圈、生活禮
俗、語言文化、戲曲文學、社會階層、性別腳色、聚落發展、港舖

海澳、販夫走卒、中小企業到地方勢力、宗教組織、社會運動、資本結構、國家體制等，整體來看就是社會的變遷。

5-3.1　關鍵的年代

如果我們以時間的縱線來看社會的流變，關鍵的年代顯然是歷史閱讀與書寫注目的所在，在台灣，歷史有幾個轉換的時代，1895年台灣改隸日本，是一個重要的歷史斷限或歷史切割點，明顯的，此時起，亞細亞的孤兒已然是台灣的宿命，在從中國邊陲轉換到日本殖民地的過程中，台灣傳統的仕紳領導階層，他們如何面對新局？是迎合、妥協？還是逃離、抗拒？這是一個值得深思與研究的課題。限於篇幅，選取《歷史轉換的斷層》一文作為楔子。

歷史轉換的斷層——社會領導階層的角色轉換[19]

一八九五年四月十七日，台灣從此隸屬日本，台灣人民面對這一歷史變局，何去何從？仕紳階層試圖以「台灣民主國」力挽狂瀾，終歸是「宰相有權能割地，孤臣無力可回天」。五月二十五日，日軍登陸澳底，民主國潰敗，十日總統唐景崧潛逃，丘逢甲、劉永福在事無可為下歸返中國，徒留本土部曲接續抵制日本的接收。

在這歷史的夾縫中，社會領導階層如何伺應？深受劉銘傳倚重的林維源，先是婉謝民主國議長，繼而攜家內渡廈門，以示義不帝秦，後來在民政長官後藤新平的保證下，遣送林鶴壽返台主持家業，不僅維繫了板橋林家既有的龐大產業，也

---

[19]　林柏維〈歷史轉換的斷層〉，《自由時報》副刊，【台灣一百年專輯】，1995.4.17.。

使林熊徵在豐厚的政治資源下，建立起「林本源家族」企業
體系。

相對的，在中法戰爭中樹立軍功的林朝棟，率軍力戰無望後，
也返回泉州，其子林祖密參與中國的革命運動，堂弟林獻堂
在台灣秩序平靜後，攜家族返台，與林烈堂撐起霧峰林家的
天空，林獻堂更且在一九二〇年代領導新知識階層，組織台
灣文化協會、台灣民眾黨，從事反日活動。

面對時局的驟變，大稻埕富商李春生則以務實的態度，參贊
日人治台後社會秩序的重建，請設保良局，倡斷髮、放足。

與林熊徵並稱「台灣二大惑星」的辜顯榮，則因臨危受命洽
請日軍進台北城，得此契機，開始了他政商兩面風光的歲月，
躍居全台紳商首席，當然，在二〇年代的社會運動風潮中，
他與林熊徵無可免的成為「御用仕紳」的代表。

與辜顯榮南北輝映的陳中和，在日軍登陸南台灣的戰事中，
受命幫辦軍需補給，因而獲得當局的特許利權，更加壯大了
自有產業，商業實力獨霸南台。

相映照於紳商，傳統知識菁英面對時局的轉換，科舉功名已
成塵埃，除了內渡中國，另謀發展外，隱退山林幾為共同的
途徑，諸如丘逢甲的表哥謝道隆、鹿港名儒洪棄生、滄海遺
民王松。隱退歲月的依靠是漢書的傳授、是詩賦的相和，於
是書房教育繼續延存，於是詩社因應而興，從鹿苑吟社到櫟
社、瀛社。

　　馬關條約改變了台灣的歷史命運，在歷史的夾縫中，社會領
導階層如何調適他們的角色？在歷史的轉換過程中，在短暫
的抗拒後，領導階層是否依然是領導階層？

　　關鍵的年代是後設的，是歷史解釋上，對歷史的流變企圖尋找
「被切割的兩個時期」的直率分隔，有人稱之為分水嶺。1789 的法
國大革命，單純來看，是法國史上的一個歷史事件發生的年代，然
而這個事件不僅對法國社會、政治體制產生巨大的改變，對全世界
也有著歷史性的意義，因此，1789 乃標誌著民主體制開展的章戳，
相類似的，1774 的美國獨立的歷史徽章，則說明了殖民地與帝國主
義母國切割的歷史意義，在台灣，1947 作為關鍵年代的歷史解釋又
是如何呢？留著，請你來解讀。

5-3.2　大歷史的視角

　　傳統史學的論著常自我設限於：述而不作、書而不論，受限於
帝王專制體制，傳統中國史學的發展，一路因循的結果，正史的書
寫以史記、漢書為典範，側重於君王統治、官宦世家的歷史，跳脫
框架的三通（馬端臨《文獻通考》、劉知幾《史通》、章學誠《文
史通義》）誠屬難能可貴，明清兩代文字獄的冷凝氣氛下，除方志
學走出另一路途外，校勘考證之學成為高壓政治下史學家的避風
港，遂被以為是史學的主體：史料真偽的辨識、史料的重新排比敘
述是為史學家的職志，經世致用之學徒留惋嘆。台灣在解嚴前肅殺
的年代裡，史學的發展也一直沿襲著這來自中國的傳統。

　　巨觀歷史（macro-history）以寬廣的視野切入歷史本體，不斤
斤計較瑣碎的史事，在乎整體的發展脈絡，得能與當今世事互相印
證，與其對應的微觀歷史（micro-history）則趨近於傳統史學的考證
路線。

　　受到西方學術發展的影響，現代的史學已開始強調巨觀歷史，歷史學家黃仁宇[20]有本著作《萬曆十五年》，不僅以年代來解釋明史流變的企圖，他的另本著作《中國大歷史》更是他實踐巨觀歷史（他解釋為大歷史）的佳構，他主張以「長時間、遠距離、寬視野」來觀看歷史，認為「我們應當廣泛的利用歸納法將現有的史料高度的壓縮，先構成一個簡明而前後連貫的綱領，和西歐史與美國史有了互相比較的幅度與層次，才談得上進一步的研究。」

　　巨觀歷史的研究每能有發人深省的創見，例如：歷史學家陳寅恪[21]以關隴集團來解讀唐史，引來唐史研究者的一路跟隨。歷史學家余英時[22]新儒家論說，以《中國近世宗教倫理與商人精神》提出「韋伯式的問題」，探究中國經濟發展的倫理原因。人類學家陳其南[23]在《台灣的中國傳統社會》一書中，提出台灣移墾社會「土著化」的結果，哲學家殷海光[24]在《中國現代化的問題》中，提出從傳統過度到現代的三層轉換問題：器物、制度、思想。他們分從不同的視界觀察歷史現象，提出了不同凡響的歷史解釋。

---

[20] 黃仁宇的著作有：《萬曆十五年》、《中國大歷史》、《放寬歷史的視界》、《近代中國的出路》、《資本主義與廿一世紀》、《新時代的歷史觀：西學為體，中學為用》、《Broadening the Horizons of Chinese History：Discourses, Syntheses, and Comparisons》、《1587, A Year of No Significance》。

[21] 陳寅恪（1890-1969），著有：《陳寅恪集》、《隋唐制度淵源略論稿》、《唐代政治史述論稿》、《元白詩箋証稿》、《論再生緣》、《柳如是別傳》。

[22] 余英時（1930-），普林斯頓大學講座教授，師從錢穆先生，著有《史學、史家與時代》、《歷史與思想》、《史學與道統》、《中國思想道統的現代詮釋》、《文化評論與中國情懷》、《中國文化與現代變遷》、《歷史人物與文化危機》、《士與中國文化》、《中國近代思想史上的胡適》、《現代儒學論》等。

[23] 陳其南（1947-），曾任行政院文建會主任委員，著有：《文化的軌跡》、《台灣的傳統中國社會》、《關鍵年代的台灣》、《家族與社會》、《公民國家意識與台灣政治發展》、《傳統意識與社會型態的結構》。

[24] 殷海光（1919-1969），台大哲學系教授，自由主義者，著有《中國文化的展望》上下兩冊，《政治與社會》上下兩冊，《殷海光全集》十八冊等。

第六章

歷史的礎石：史料知多少

6-1　史料的類別

　　歷史家處理群體記憶，是以史料為重構現場的基礎，因此歷史材料的收集、掌控、辨識、解讀、運用，就成為歷史學訓練過程中極為重要的一環，許多學者甚至直言史學就是史料學。

　　籠統的說，歷史本體所遺留下的事與物都是史料，如果我們依其紀錄形式來分，可分為傳說、文件、實物（含影音），是為史料的類別，如果我們以史家運用史料的優先與否來分，則可分為直接史料與間接史料，如以史料形成的過程來看，則可分之為有意史料與無意史料。

　　歷史撰述者對所使用之素材的認知，關係到歷史書寫的深度與信度，從其對不同性質素材的擇取，更可見其所受史學訓練的寬嚴程度，而史料鑑別與考證的功夫，更可見其史學涵養之深厚與否。

6-1.1　口頭傳說

　　口頭傳說，或稱之為口傳歷史，受限於人的記憶容量、口傳者的自我修正、口傳者恣意添加等因素，口傳歷史的可信度當然很低，端賴歷史工作者能有撥雲見日的功力，解開荒旦無稽的重重謎障，抽絲剝繭以見隱藏其間的歷史本體或其影子。依傳遞的性質可將口頭傳說分為：

1. 民歌、曲謠、諺語：例如：中國的詩經、台灣的民謠與諺語。

2. 帝王將相英雄的故事：例如：原住民族的源起與開天闢地的英雄故事，常是混雜在一起，例如：嘉慶君遊台灣的故事、鴨母王朱一貴、媽祖林默娘的故事。

3. 軼聞逸事：例如：邱罔舍、彰化媽祖賴和仙。

4. 卜辭禱文：例如：聖經、金剛經。

5. 流行語：每個時代都會有流行於當時的特殊語言，可能是流行於校園的語言，也可能是廣告語，時日過了可能就不再使用，例如：種芋仔、風神、哈、七仔、馬子、酷、豎仔、好屌、請大家告訴大家、全家就是你家。

6. 口供：審訊時留下的供狀，例如：治警事件、二林事件、美麗島事件之審判紀錄。

7. 演說（辭）：大至總統文告，小至幼稚園畢業典禮的家長致詞，例如：麥克阿瑟演說辭。

8. 口述歷史：從祖父母口述的家族歷史，到專家或媒體專程製作的口述歷史，例如：吳三連口述歷史。

口頭傳說當然也可以被書寫下來，成為文字史料的一部份，然而口耳相傳的特質並未稍減，因此歷史家在運用此種史料來書寫時，也就必須常以不確定的語氣來推論、刻劃歷史本體，最常見的就是神話故事的研究，「神話學」能探究到的歷史本體或許不多，但是推論出的民族、文化、社會階層的諸般問題時，卻常能有新異的論見。

6-1.2　文字記載

文字紀錄已被界定為信史的開始，當然這類的史料最多，也是史料的主體。隨著紙張、書寫、印刷、乃至文字傳遞媒介等之技術

的不斷演進，文字史料的留存也就呈現著：距離當下越近積存越多
的現象。從形式上來分，有：

1. 官方史料

官方的文書是最被重視的史料，也是「製造出來的」史料。

(1) 檔案：政府機構的檔案是研究政治史的重要依據，也是歷
史書寫者最重視的史料，然而國家檔案常以其具機密性質
而不公開或限制開放，須注意的是，檔案也有流水帳、形
式化、空洞化的特色，甚至偽造。例如：大溪檔案、調查
局檔案、淡新檔案。

(2) 政書、詔令：政府首要的談話或命令，雖是政務的幹材，
然而表面、裝綴，卻也是特質，例如：總統談話、總督訓
示、民政長官施政要旨，行政院長政策宣示等。

(3) 奏議、文牘：官員呈報皇帝的文書、官方往來的公文，是
歷史書寫者常常引用的材料，然而隱匿、曲筆，常是此類
史料的特色，例如：《劉壯肅公奏議》、《臺案彙錄》、
《道咸同光四朝奏議選輯》。

(4) 職官錄：官員名錄的書籍，例如：臺灣總督府編《台灣總
督府及所屬官署職員錄》、柯萬榮《台南州名士錄》、台
灣新民報社《台灣人士鑑》。

2. 史家書寫的史料

歷史家的著作成為絕響後，他所根據的史料湮滅了，後來者要
再書寫那一時代的史事，只能依循前人史作來寫史，這當然很反
諷，卻也是實情。

(1) 古今正史：例如：《史記》、《漢書》、《通鑑紀事本末》、
《資治通鑑》。

（2）別史：正史以外非官方的史作，例如：《南明史》、《民國野史》、《東華錄》、《東觀漢紀》、《元祕史》。

（3）實錄：例如：《明實錄》、《清實錄》是明朝、清朝歷代皇帝統治時期的大事紀。

（4）大事紀：以年繫事的書籍，例如：《台灣大年表》、《起居注》、《時政記》。

（5）年鑑：以年度為準則的紀錄書籍，例如：《台灣年鑑》，《台灣文學年鑑》。

3.作家文集

　　文學作品每多虛構情節，當不得真，然而以文學筆觸寫景、敘事最能引人入勝，也映照著文學家的時代情境，反是歷史家擇取「空間材料」的重要依循。

（1）經、子、集：四庫全書分類，史部以外的書籍，例如：《周易》、《尚書》、《詩經》、《禮記》、《韓非子》、《列子》、《莊子》、《全唐詩》、《全宋詞》、《李太白全集》、《文心雕龍》。

（2）遊記、小說：遊記常不自覺的忠實紀錄旅遊地的風土民情，小說雖已將史事架構裂解，但小說人物與時空卻也不是作者能隨意編譜的，總能見得歷史的影子。例如：郁永和《稗海紀遊》、東方白《浪濤沙》、吳濁流《無花果》、明清筆記小說。

4.民間生活史料

　　民間日常生活裡的文書紙品，也是可貴的歷史材料，從開會通知、標會單到訃聞、喜帖、買賣契約等，看似平常無奇，如能善用分析、歸納法則，史料價值也是無限的。

（1）帳簿：有極珍貴的史料價值，流水帳看似單調無聊，對研究經濟史則是珍貴史料，也能突顯出地方發展的興衰。例如：寺廟的香油錢紀錄、木材商的林木買賣帳冊。

（2）報紙期刊：今天的新聞明天的歷史，須注意的是新聞也有錯報處，或聽命當政者旨意的政令宣傳，甚至造假的可能，不能不察。例如：當今中國統治下的報刊及戒嚴時期的台灣各家報紙，其在政治新聞、重大建設的報導，如採用為史料皆須打折，開放時代的報刊尤須注意濫用新聞自由的報導，例如：「爆料」、「揭弊」之可信度極低，雖是如此，反能成為解釋社會怪象的素材。

（3）宣傳品：雖屬傳達一方訊息的廣告，有誇大不實之嫌，謹慎擇用也能有珍貴的史料價值。例如：選舉文宣、房屋廣告、政令傳單（如：國共冷戰時期的空飄傳單）、超市產品廣告、神明出巡告示。

5. 個人歷史材料

個人因生活之需、人際關係、記事習慣、職業要求等，常會留下生活紀錄，紀錄的形式十分多樣，從日記、札記、筆記、簡歷到正式文章、論文、自述、自傳、作品集等，每多不經意留下的歷史材料。

（1）譜牒：家族族譜的編修、家傳的書寫，雖處處可見隱惡揚善的避諱、曲筆，仍是人物史、家族史、社會史的重要史料。例如：皇室譜牒、科舉考試題名錄。

（2）日記：重要人物寫日記，或為習慣、或為備忘錄性質，愈是顯要，愈有可能有刻意刪修、造假，但是在人物心境、

意念、政治取向等轉折過程的研究裡，仍不失為重要史料。
例如：林獻堂《灌園先生日記》、《楊肇嘉日記》。

(3) 書信：公函之外，書信往返也常透露真切的訊息，例如：
信件、電報。

(4) 文集：後人整飭而成的作品集。例如：《胡適全集》、《台
灣作家全集》、張漢裕編《蔡培火全集》。

(5) 回憶錄、自傳：記述一己生平者，誇示功績、掩飾缺失是
必然現象，為此類史料的現象。例如：《雷震回憶錄》、
李登輝《見證臺灣：蔣經國總統與我》、吳豐山《吳三連
回憶錄》。

6-1.3 實物

實物係指非文字的史料，可以包含山川、城池、陵墓、屋舍、
道路、遺骸、器物、繪畫、雕刻，以及近世出現的影像紀錄、聲音
紀錄、數位儲存之紀錄。拜科技之賜，實物史料的取得已能透過攝
影、照相等方式來存取，如：數位照相取代了「拓碑」的文字影像
之真實取得。實物材料不僅具備文字史料的價值，也具有歷史臨場
的功效，避開文字紀錄者的主觀敘述。

1. 遺址：例如：龐貝古城、十三行遺址、熱蘭遮城。

2. 陵墓：古墓形式及其陪葬品、骨骸、殘留物等，對社會史之考
察極有助益，例如：埃及金字塔、西安秦始皇兵馬俑、王得祿
墓、五妃廟等。

3. 器物：石器、玉器、陶器、金屬器物等，是藝術史的重要材料，
有些還雋刻文字、圖像，可佐證前史，例如：毛公鼎、黑陶、
殷商甲骨。

4. 石刻：石碑、墓碑、石雕等，石刻之文，內容包羅萬象，是文書史料外最被倚重的史料，惟墓誌銘、行述之文常為溢美之詞，例如：「萬年亨衢」碣、赤崁樓前之「平定林爽文事件」碑、洛陽龍門石窟。

5. 貨幣：古稱泉幣，是經濟史研究的史料，例如：道光通寶、龍銀、紙幣。

6. 衡器：度量衡器具，參照後可較精準換算古今度量衡的比值。例如：台南郊行石斛（置於赤崁樓前）。

7. 簡帛：竹簡、帛紙是中國漢代以前書寫文字的「紙張」，簡冊的發現，可與幾經翻刻後的漢代書籍相印證，例如：敦煌石窟的漢簡。

8. 影像：從早期之壁畫、潑墨畫、油畫到近代之照片、影片，例如：清明上河圖、黃土水〈水牛群像〉、人物畫像、紀錄片、老照片。

9. 聲音：聲音的留存是近百年來的事，過往僅能留下音階符號，如果曲譜失傳就難以使聲調再現，例如：胡適演講集、樂譜、唱片、錄音帶、錄影帶、光碟。

6-2　史料的考證

　　史料為歷史書寫的張本，其正確度、可靠度也就攸關到歷史重現的真實性，所以歷史家在選用史料時，必須先作「萃選」的作業，也就是史料考證，針對史料的真偽、辨讀等細節，詳加察考、比對、驗證，才能引用；當然，史料考證不是歷史學家的目的，是研究歷史的手段。

　　歷史家從事史料考證時，須抱持懷疑的精神，不輕信史料，凡事皆須考而後信。考證史料時，歷史家要像法官般，有十足的、充分的證據為憑證，才能判決，要像科學家般，敢於大膽假設，小心求證；所以，孤證不能為史，疑證不能斷論。

　　西方史家班漢穆[1]認為：史料的考證可分為外部考證、內部考證。

6-2.1　外部考證

　　史料的外部考證，指從外表衡量史料：判斷史料的真偽、產生的時間與空間等問題。

1. 史料產生時間的鑑別[2]

　　考證史料產生的時代，原則上來說，時間愈精確愈好，然而古代不太有時間概念，因此在推定史料產生的時間點時，須由文體、內容、材料來推定。

　　（1）版本：充分應用目錄學方面的書籍，確定史料年代，例如：
　　　　　《漢書藝文志》、《經籍志》、《崇文總目》、《四庫全
　　　　　書總目提要》。
　　（2）引文：以不同文獻來互相印證，是確定年限最好的方法，
　　　　　譬如：甲史料引乙史料，一者確定，則另一者也能推定。
　　（3）事實：以史料涉及的事實來推敲，是確定史料產生時代的
　　　　　重要依據，譬如：前代人不能記當代事，是最簡單的道理。

---

[1]　班漢穆（Ernst Bernheim, 1854-1937）或譯為伯倫漢，1889 年出版《史學方
　　法論》（Lehrbuch der historischen Methode），後改為《歷史方法論與歷史
　　哲學》（Lehrbuch der historischen Methode und der Geschi-chtsphilosophie,
　　1903），臺灣史學界對史學的認知深受其影響。

[2]　1~4，參見杜維運《史學方法論》，第十章，台北：華世，1979.2.，頁 157-162。

（4）語體：以史料使用的語文來鑑別，也是重要線索，例如：
　　1949後的中國說「總的來說」，這之前及台灣是說「總而
　　言之」。

2. 史料產生地點的鑑別

　史料產生地點的鑑別並不容易，以方言使用、地方色彩來判別
未必可靠，但若從印刷樣式、編排特性也能推估產生地點。

3. 史料作者的鑑別

　人的個性、生活環境、交遊狀況，文章風格、特殊筆法，可作
為推論作者的依據；一般皆是將史料與被認定者之其他著作相互比
對，以求其真偽，假設：懷疑《廿二史箚紀》是否為趙翼作品，則
將《陔餘叢考》、《甌北集》來與《廿二史箚紀》相互比對。

4. 史料來源的鑑別

　在傳抄、轉錄、印刷、再製的過程後，史料是否為原件？或是
否與原形相合？是為來源的鑑別，其方法為「校勘學」[3]。
（1）不同版本之互校：版本的可信度，從出版流程看，從手稿
　　本、原刻本、再版本到複印本（覆刊本），時程愈長，愈
　　脫離原貌，因此，蒐集善本（愈早的版本愈好）以互校，
　　是史料原形考證的第一步。例如：百衲本《史記》比四庫
　　全書本《史記》可信。

---

[3]　胡適認為的三步驟是：發現錯誤、改正錯誤、證明改正。元史大家陳垣《元
　　典章校補釋例》提出眾多校勘的例子，並指出校勘的方法有四種：對校法、
　　本校法、他校法、理校法。

（2）相涉史料之互校：是史家常用的方法，例如：馬融懷疑《尚書·泰誓》已非原貌，所據者即以漢朝以前文獻所引用的「泰誓」文字，與他所見的「泰誓」相比較的結果。

（3）同一史料前後文之互校：從史料本身的和諧程度，來考證是否出於同一作者之手，例如：懷疑《左傳》作者不只一個人，因為「文格屢變，對各國之事之敘述，筆勢亦迥然有異」。

5. 辨偽書

史料愈古愈有價值，同樣的偽品也就愈多，在中國戰國秦漢之交、新朝、晉朝皆有大量偽書出現，如：《古文尚書》、《孔子家語》、《管子》，皆是偽書，製造偽書的動機常出於求名、愛國心、黨派私見、敵我利益等。辨偽書可從幾個面向去考究真偽[4]：

（1）版本：某書在前代從無著錄，或未曾有人徵引過，忽然出現，十之八九有假，例如：《晉乘楚杌》雖見於《孟子》，漢隋晉時之藝文、經籍諸志從未紀錄，明人刻本卻忽然有《晉史乘》。或者書在前代有著錄，久經散逸，忽然出現，篇數、內容與舊本完全不同，例如：民國初期出現的明抄本《慎子》，與四庫本、守山閣本全異。或是無論有無舊本，今本來歷不明者，即不可輕信，例如：晉梅頤所上《古文尚書》、《孔安國傳》。或者某書曾為前人徵引，確有佐證，而今本與之歧異，今本必偽，例如：古本《竹書紀年》於汲冢出土時，為王接、杜預所親見，信而有徵。

---

[4]　參見梁啟超《中國歷史研究法》，台北：台灣商務印書館，1978.3.，頁128-136，認為辨偽書有十個通則。

（2）作者：書題某人撰，書中所載事蹟卻在其人身後，則此書
　　全偽或部分為偽，例如：《管子》、《商君書》題管仲、
　　商鞅所撰，兩書所記卻是兩人死後事。

（3）內容：書中所言與事實相反，其書必偽，例如：今道藏中
　　劉向《列仙傳》，自序云：「七十四人已見佛經」，劉向
　　從何預見佛經？或者兩書同載一事，卻絕對矛盾，則必有
　　一偽或兩者皆偽，例如：《涅槃經》、《楞伽經》。

（4）文體：各時代的文體有天然的區隔，望其文體，往往就能
　　斷其真偽，例如：今本《觀尹子》，為晉唐時期翻譯佛經
　　之文體，絕非秦漢所有。

（5）社會：時代不同，社會情狀也就不同，書中所言社會狀態、
　　情理與所知相去懸殊者，可斷為偽，例如：《漢書藝文志》
　　有《神農》二十篇，內文提及石城、湯池，此絕非神農時
　　所有。

（6）思想：各時代的思潮不同，某書表現的思想與其時代不相
　　銜接，即可斷為偽，例如：今本《管子》有兼愛思想，管
　　仲時何來兼愛之說？

6-2.2　內部考證[5]

　　史料的內部考證，指從史料的內容來衡量：是否客觀、是否貼
近事實、是否符合邏輯等問題。

1. 書寫者信用與能力的確定

（1）書寫者為何種人？紀錄的動機為何？外在環境對書寫者有
　　何影響？史料紀錄人的信用程度，關係到他所記載史事的

---

[5]　參見杜維運《史學方法論》，第十章，台北：華世，1979.2.，頁 162-167。

是否可靠，晉董狐、齊太史、漢司馬等人據事直書、無畏威權的史家風格可為標竿，若是「心存詐偽之徒，曲筆迴護，則所成者為穢史、為謗書，誠不值史家的一顧。」以當今台灣某些政治人物喜歡「爆料」，未來的史家自然地會捨棄他們所有的紀錄，因為：不可信。

(2) 書寫者的文字使用能力，關係到能否將曲折複雜的事情之來龍去脈，以文字表達出來，同樣的，知識、素養、專業也攸關記述者描繪史事的能力。例如：一個沒有氣象專業知識的記者，在風雨交加的山區報導新聞，見到滾滾水流、水土混濁的水流、混雜石沙的泥流，都說那是「土石流」，閱聽者將被誤導至災情嚴重的方向。

2. 書寫之真實程度的確定

(1) 兩種毫不相干的記載，不相抄襲，所記某事卻相同，則某事可信。

(2) 有客觀的證據（如：日蝕、干支紀年、民族習慣），可資佐證，則此類記載可信。

(3) 比較正反兩方的記載，如反方對某事大加撻伐，正方卻反常地保持緘默，不加辯護，則反方所言可信。

(4) 兩種以上的記載，內容相互歧異，較古的記載為可信。

(5) 文獻的記載，得到實物的印證，自然可信。例如：《史記》〈殷本紀〉在殷墟甲骨文出現後，已被公認為可靠的史料。

6-3　史料的使用

史料的分類，一如前述，可有傳說、文件、實物；然而，以史家運用史料的先後順序之角度來看，則有直接史料與間接史料之

別，如以史料的運用與識別來看，則可分有意史料與無意史料。史料運用的法則在史學界已是普遍性的認知，作為歷史書寫者，在運用史料的過程中，無不遵循著既有的通則。

6-3.1　直接史料與間接史料

直接史料，指與歷史本體有直接關係的史料，是當事人直接的觀察、體現、回憶的紀錄，是歷史家追索史料的最高指標，而當時人（非當事人）的旁觀紀錄，則為最低限度的直接史料。直接史料也被稱為原始史料、原手史料、第一手史料，除此以外，都屬間接史料，史料一經傳抄、複製、編輯、印製，就成為轉手、第二手的史料（即使是照相複製），直接史料的取得，實際上並不容易，退而求其次，讓轉手史料得能趨近於原手史料（考證功夫的展現），是史學家必須面對的日常課題。

1. 直接史料

(1) 當事人直接的記載與遺物：包括：詔令、奏議、書信、日記、札記、筆記、契約、帳簿、語錄、報告、會議記錄、銘刻、開會通知、標會單、訃聞、喜帖、遺址、陵墓、器物、石刻、貨幣、衡器、簡帛、影像等。每一種史料都有它的特性，各自吐露不同的訊息，例如：人們在成名後預知一己之文件都有成為史料的可能，因此在書寫日記、札記、筆記等時，會刻意曲筆，乃至造假。會議記錄也有被主官、執筆者修飾的可能。

(2) 當事人事後的追記：包括：自述、自傳、作品集、文集、回憶錄、祭文、事略、遊記。回溯往事的記憶書寫，當然是時間點愈接近事發時愈有史料價值，時間愈久，被潤飾

的成份愈高，模糊程度也就相對提高。例如：毛思誠編纂
《蔣介石年譜初稿》（1933）與《民國十五年以前之蔣介
石先生》（1937），後者已將民國十五年前之往事作了修
改（被修改掉的文句反而更為可信）。

（3）同時人的記載：包括：起居注、報紙報導、評論文章等，
同時人雖非當事者，但所見所聞仍然十分貼近於歷史本
體，且較具有客觀的特性。例如：關於二二八事件，George
Kerr《被出賣的台灣》的記述，上海《大公報》[6]的報導，
提供了較為客觀的報導。

2.間接史料

被傳抄、複製、編輯、印製，口述後的史料，就是第二手的、
轉手的、間接的史料。例如：正史、別史、實錄、大事紀、年鑑、
職官錄、複製品等都是。但是現今有許多人是直接在電腦上書寫文
章，則其數位存檔、列印品也是第一手的史料。

6-3.2　有意史料與無意史料

從史料產生的緣由、目的、環境、製造者等因素來看，史料也
有其可信、不可信的鑑別分類，即有意史料、無意史料，無意史料
大都為隨機產生、不造作、不掩飾、不誇大，有意史料或因產生當
時的現實動機（如：宣揚政府偉大的施政成效），或因刻意留下「歷
史證據」供寫史者引用（如：製造孫中山與蔣介石的革命傳承），

6　《大公報》是中國近現代上具廣泛影響力的民營報紙，1902.6.17.由英斂之
　　創刊於天津。初辦時主張君主立憲，變法維新，以敢於議論朝政、反對袁
　　世凱而廣受歡迎，1926 年張季鸞任總編輯，提倡民主政治，抗日戰爭期間，
　　其基本立場為堅持抗日救國，於 1966.9.10.文化大革命時停刊。

或因掩飾施政弊端、個人行事闕漏而造假。擇取歷史材料，就必須留意這史料性質的問題。

1. 有意史料

「留史」的意念，是有意史料的核心價值，主觀認定下刻意地保存、書寫，也主觀地將其認為「無價值」者剔除掉，被剔除的部分反有可能更具史料價值，或者，不利於某人、某事的部分被修改、洗滌掉了。

(1) 例如：報紙有其立場，也有特殊風格，如是一般的社會新聞，大都會將記者所寫照稿刊登，如牽涉政治人物或報社高層喜惡時，總編輯修稿的情形甚多，與真實社會現象自然有極大分歧，類此顛倒黑白的報導，未經考究，自然不能隨心取用。

(2) 例如：傳記、年譜、墓誌銘、家譜，書寫目的就是留史，美化傳主是一定的道理，所以選用時需搭配其他材料來佐證所述事蹟是否可信。

(3) 例如：傳說、口述，口傳者有意無意間，就會以一己的價值觀來論述所知事物，面對紀錄者也會「謹言慎行」，紀錄者則用自己的價值判斷與認知來書寫紀錄，所以此類史料的可靠性也較差。

(4) 例如：回憶錄，較注重個人的行為動機，為自己辯護、誇大一己的功績，對於史實則因個人經驗、見識的偏差，而有偏袒、護短的現象。

2. 無意史料

在生活排程中自然產生，大都是無意史料，譬如民間禮俗、買賣契約、日常書信等，無意史料的出現，最是貼近歷史本體，但是

在有意史料中，也會因關係人之志得意滿、誇耀事功等而說出真相，或者在述說他事時，無意中吐露此事的原因。

6-4　輔助學科的運用

歷史研究的主體是史料考證，過程中延引使用的學科，就是輔助學科。

史料的運用是歷史學的專業，當然，歷史研究的專業不能僅止於此。

文學院出身的人常把「文史不分家」、「文史哲一家親」掛在嘴上，這反映出史學的局部特質，與傳統文學在文史同本、書寫校勘上的相似性，與傳統哲學在經史相參、學說思想上的通聯性，使史學可優游於文學、哲學兩邊，然而，這僅侷限於中國的文史哲，跨越到西洋史，還會文史不分家嗎？

歷史學在研究方法上有其跨學科的特質，史料的蒐集運用如此，歷史文章的書寫如此，歷史研究的方法也是如此，在近代學術分類裡，歷史學漸從人文科學歸併到社會科學。

6-4.1　傳統輔助學科的運用

歷史家在歷史研究的過程中，經常使用（或者必用）的輔助學科，雖已漸成為歷史學領域的專業學科，卻又能單獨分科存在。

1. 語言學、文字學：語言文字的運用是歷史研究的基本，對語言文字的熟悉度關係到史料的閱讀與其涵義的認知，專研歷史最好能博通數種語言，方不致於處處仰賴翻譯書，至於研究範圍內有關係的語言文字，當然必須通達，例如：研究中

國早期歷史不能不通文言文，研究荷治時期台灣史，最理想的是能通古荷蘭文、兼悉西班牙文。

2. 校勘學：史料文字的校讎，關係著史事的正確性，從一般校對到考證的過程，例如：字形、字音、疊字、同字、簡筆、音譯、語法、用語、年代、名稱、體制等[7]，在不同的時代皆有其特殊的用法，如以現時之通用法則來觀看，極易出錯。

3. 古文書學：古代公文書類、憑證、契約，有其特有之格式，研究其由來、型式、特質等，對判別史料真偽、內涵，乃至歷史解讀，有相當大的幫助。如：日治時期之《總督府公文類纂》之解讀。

4. 版本學：研究書籍印刻版本，從印刻字體、形式、刻工、印刷等研判出版年代、是否仿製等，例如：手抄本、百納本、四庫本、商務印書館版等。

5. 避諱學：「禮」在社會文化的表現中，以文字來顯示時，常以改字、空字、缺筆、改音等方式來表示禮敬，形成一時的社會規範，研究此現象即是避諱學[8]，例如：漢明帝[9]名莊，時人姓莊者皆改姓其字「嚴」；朝臣奏摺書寫提及皇上皆須易行上提；吳三連的屬下避用名諱，稱他為三老，或以字稱他江雨先生。現在許多人不解避諱學，在稱謂上常有亂用的

---

[7] 陳垣在研究《元典章》時，用元刻本對校沈刻本，再以他本互校，校出沈刻本偽誤、衍脫、顛倒者，共一萬二千多條，於是寫成《元典章校補釋例》（1931），又名《校勘學釋例》，分析致誤的原因。

[8] 陳垣（1880-1971），字援庵，廣東新會人，曾任北京輔仁大學校長、北京師範大學校長。對宗教史、元史、考據學、校勘學的研究，成就非凡，著作等身，他大量有關避諱的論述，引用百種以上的古籍，寫成《史諱舉例》，是避諱學研究的佳構。

[9] 漢明帝，劉莊（27～75）字嚴，東漢光武帝劉秀的第四子，遵奉光武制，與隨後的章帝劉炟皆好儒術，史稱「明章之治」。

　　現象，譬如：主席／楊校長明山博士，就是錯例，從避諱的觀點來解釋，此例有楊先生不夠格當校長、博士的嘲諷意涵，不可不慎。

6. 泉幣學：貨幣的使用情形對經濟史的研究有指標的作用，貨幣的發行、款式、價值、流通、數量等，也是社會史的寫照。例如：戰後中國四大銀行發行的紙鈔，版式多變，正是通貨膨脹的現象。

7. 歷史地理學：左圖右史是治史者的習慣，地理變遷與歷史發展息息相關，因此有關古今地名之比較研究、行政區域之更易、人口與物產之分布、聚落之發展，都與地圖有不解之緣。例如：《台灣舊地名辭書》就是地方史研究的重要參考。

8. 族譜學：族譜學是研究姓氏起源與家族發展的學問，瞭解家族譜牒，對政治集團的形成更能切入問題的核心。例如：哈布斯堡王朝、波本王朝等皇室家族的源流，與歐洲君主體制國家的歷史有密切的關係。

9. 年代學：歷史是時間的科學，時間的確認至為重要，然而往昔各國、各地之時間記敘表示不一，年代、月日的推算、轉換就成為專門的學問，陳垣的《二十史朔閏表》[10]、董作賓[11]的《殷曆譜》即是。例如：阿拉伯史書使用赫吉拉曆（Hejira即回曆），與中西曆不同，單月大（三十天），雙月小（二

---

[10] 陳垣《二十史朔閏表》一書，是可以精確換算中國歷史二千年之中曆、西曆、回曆的年表書，最早由北京大學研究所國學門出版（1925），迄今仍是年代曆法工具書的經典。

[11] 董作賓（1895-1963），1928年中研院史語所成立時，主持殷墟的挖掘工作，奠定了殷墟考古技術與理論的基礎，除了考古學外，他（彥堂）與羅振玉（雪堂）、王國維（觀堂）、郭沫若（鼎堂）在中國甲骨文的傑出研究上被稱為「甲骨四堂」。

十九天），一年 354 天，每隔二、三年閏，逢閏之年的十二月末加一天，即閏年 355 天，與中曆對算，每隔三十二、三年就多出一年，如不瞭解曆法的差異，在歷史研究上就會錯誤百出。

6-4.2 多元領域學科的運用

從二十世紀初，魯賓遜（James Harvey Robinson）提倡「新史學」開始，近代以來，歷史學界已普遍接受以社會科學的方法應用於歷史學的研究，此即歷史學的輔助學科，從其他學科得到幫助，有助於深入歷史問題，取得突破性的成果，擴大解釋面。然而過度倚賴輔助學科，卻也出現了導果為因的怪異現象：取用社會科學的模式、理論，然後將（有限的）「史料」套進去，彷彿研究者也創新了歷史解釋的張本，本末倒置的結果，是將「社會科學」置於主位，「歷史」反成了提供理論驅使的材料。

1. 考古學：提供並研究文字產生之前人類歷史的資料，是史前時代考古學，提供文字產生之後的新歷史資料，則是有史時代的考古學，因此考古學常被認為等於歷史學，很清楚的是，考古學偏重於田野史料的挖掘、發現，並將研究成果提供給歷史家使用。

2. 人類學：是研究人類本質的科學，研究的主要面向是人類的生物性和文化性、人類特質的演變和溯源，即社會的起源、組織、風俗習慣等，研究領域含括文化人類學（或稱社會人類學）、民族學、語言學、考古學、體質人類學，在研究方法上偏重全貌觀、文化相對論、泛文化比較、參與觀察法，或可說人類學是研究現今之前的社會學。

3. 社會學：主要研究當代的人類社會：社會發展、社會組織（宗教、政治、商業組織），群體行為（互動關係、跟蹤源頭、發展過程），社會學的發展呈現出「理論」為主流的樣貌，如十九世紀時的社會進化論、社會週期論、歷史唯物主義；現在的新理論是新進化論、現代化的社會生物學、後工業化的社會理論、多邊理論。理論的標新立異連帶的也影響到歷史學研究、文學研究的跟進。

4. 政治學：研究政治、國家及其活動、規律、決策、權力，包括相似政府的組織機構（政黨、工會、企業、教會、社團等），政治學理論甚多，可區分出：國家理論、科學社會主義理論、性別的意識形態理論、政治行為理論等。

5. 經濟學：研究如何將有限或稀少資源，進行配置的人類行為之社會科學，微觀研究屬個體經濟學，巨觀研究屬總體經濟學。經濟學常見的概念或理論有：剩餘價值、勞動價值、邊際效用、外部效應、有效需求、理性預期、聖彼得堡矛盾、賽局理論、均衡價格論、馬克思主義、凱恩斯主義、貨幣主義、古典經濟學、制度經濟學。

6. 地理學：是研究地表環境中的各種自然現象和人文現象，及它們間相互關係的科學，可分為自然地理學與人文地理學；人文地理學偏重社會科學的成分，以人地關係為基礎，探討各種人文現象及人類活動的地理分布和發展的規律。

7. 心理學：是研究人類的心理現象，及其對行為之影響的科學，諸如：認知、情緒與動機、能力與人格，心理學研究也碰觸到社會學、神經科學、醫學、生物學等學科，心理分析的理

論運用於歷史、政治、社會，影響最大的是佛洛伊德[12]（Sigmund Freud）。

8. 美學：藝術是人的情感、思想、生活乃至知識等的創作表現，藝術雖還不成為一門科學，但是「美學」已隱然是對等名詞，從所謂八大藝術：繪畫、雕刻、建築、文學、音樂、戲劇、舞蹈、電影，就可看出涵蓋面的寬闊。即使，美學論者常把文學「剔除」不談，而建築也止於外觀與功能；然而美學之於歷史，卻是無法割捨的。

---

[12] 佛洛伊德（Sigmund Freud ,1856-1939）捷克人，是精神分析學的創始人，著作有：《夢的解析》、《精神分析引論》等。提出：潛意識、自我、本我、超我、伊底帕斯情結（戀母情結）、原慾等概念，對社會科學、文學等產生極深影響，被尊為精神分析之父。

第七章

歷史的田野：歷史素材的抓取

7-1　田野工作

　　田野工作（fieldwork）就是田野調查（field study、field research）、田野研究或實地調查，顧名思義，就是到現場實地調查或參與的研究作業，原屬人類學的基本研究方法：參與觀察法[1]，是取得研究工作之原手資料的前置作業。

　　如今，田野工作已被廣泛運用於多種學科：考古學、民族學、生物學、生態學、地質學、社會學、民俗學、歷史學。田野工作的內容，因學科領域不同而有所差別，化石、遺址、遺物的挖掘，當然屬於考古學；訪問或觀察被研究對象的語言、民俗、社會結構、文化表現，屬於人類學；進入工廠、組織、村社，觀察階層、派系、價值取向等，屬於社會學的領域。物的挖掘、量測與收藏，是靜態的；人的活動、表現、組織、關聯與問卷、訪談等，則是動態的。

---

[1]　「參與觀察法」由人類學大師馬凌諾斯基（Bronislaw Malinowski, 1884-1942）所開啟，「人類學家必須親身長期的實地調查，研究者和他的研究對象，在生活上必須打成一片，在同一個屋頂下居住，在同一張餐桌上一起吃飯，用當地的語言交談，對當地的日常生活細節以及影響整個當地社會的重大事件，作細膩的觀察和紀錄，體會出當地人在意見上的差異和衝突。」宋光宇譯著《蠻荒的訪客》，台北：允晨，1982.11.，頁 29。

　　雖然歷史學研究與田野工作原本就牽扯在一起，但是系統化的田野工作，顯然是從人類學、考古學而來，至於社會科學研究法的逆向影響，則約從三十年前開始，逐漸地在台灣發酵，近二十年來，不僅是社會科學理論「大量植入」史學，連帶的，隨著台灣史成為歷史學界的主流後，田野工作更是大行其道。

　　歷史的田野工作可以做什麼呢？從民俗信仰、社會運動的參與觀察，到史蹟勘考，或諺語、歌謠、鄉土文獻的採集，再到人物的訪談、口述歷史的製作，是當前歷史工作者較常見的內容。

7-1.1　田野採集

　　田野工作的進行，社會科學界並沒有發展出一套標準規則，如有作業手冊，也是制定者憑其經驗，將他專業範圍內的作業事項整理出步驟，使用者仍須「臨場應變」。

　　基本上，要先確定的而且在調查進行裡都不能忘記的是：田野工作的目的。研究目的確認後，鎖定標的及其範圍，鏨出工作計畫是非常重要的事，然後依計畫進行田野工作，時間內無法完成時，先行退出，待第二個計畫制定後，再進場。

　　1. 田野工作的準備作業[2]

　　歷史田野的工作，不是隨性而起的事，應有周詳的計畫，才能收事半功倍之效，有時，準備作業遠比實際作業要付出更多時間和精力。

---

[2]　關於社會學、人類學之田野工作進行的做法，可參見鍾倫納《應用社會科學研究法》，台北：商務，1993，頁 183-208。及何星亮〈關於如何進行田野調查的若干問題〉，人類學網站 http://www.face21cn.cn/index.php

（1）選擇採集標的：採集歷史材料的目的為何？須先確認。然後就是採集對象的選擇，選擇的原則是：被採集者（人地物）有無特色、代表性，採集者與被採集對象有無地緣或人緣關係，被採集者有無前人的調查成果。[3]

（2）閱讀收集相關文件：事先收集有關的文獻資料，熟悉調查對象之歷史、掌握該地特色、人文風格等，才能駕輕就熟，並能贏得當地（事）人的尊重、信賴和歡迎。

（3）熟習社會科學的理論與知識：社會科學領域的研究，注重理論的提出與解釋，因此，在進行採集前，有必要熟知各家之相關理論，如：進化理論、傳播理論、功能理論、結構理論、象徵理論、族群理論、實踐理論、衝突理論、交換理論、互動理論等，隨時運用於田野採集的進程裡。歷史工作者可以簡化理論閱讀的步驟，思索如何忠實紀錄、取得更多史料。

（4）撰寫採集計畫書：將採集過程預擬好計畫書，是馬虎不得的事，從行程、住宿、交通、旅費到器材準備，訪查對象之時間、地點的聯繫與確認，伴手禮的洽當與否？考察地點是否涉及管制？都應逐項條列。如有問卷、訪談，應先行設計表格與印製，紀錄簿的格式、訪談人的服裝，也須先作規劃。整體規劃的目的就是要在有限的時間內，採集到全面的、有系統的資料。

---

[3] 特色是指被採集對象之社會結構、文化現象或人物較為特殊，與其他地區有很大差異或其代表性，例如：台南縣西港鄉的王船祭。代表性是指被採集對象在所屬群體中具有代表性，例如：阿里山鄒族的代表聚落為達邦。地緣或人緣關係是指調查者與被採集對象間最好有直接或間接的關係，例如：曾是一己的居住地或有熟識的人可為嚮導。熟悉前人調查的成果，可避免重起爐灶，能作更深入的研究。

2. 田野工作的進場作業

依照計畫書展開作業，又稱進場。即使事前準備工作充分，初進入歷史的田野，還是要繞場一週，熟悉環境。

(1) 報到：如果計畫行程須當地政府機關協助，應先去報到，讓他們知道你的工作已經開始，並詢問所須之協助是否能依計進行，如是口述歷史，則應與當事人電話確認到訪時間、到訪人數。

(2) 落點：旅居地最好在事前洽妥，租借採集地區的房舍居住較理想，方便就近觀察。

(3) 繞場：到達採集地後，應先熟悉環境（繪製精確的地圖），並透過當地所屬縣市、鄉鎮、村里的辦公室取得資訊，進一步瞭解實情。

3. 田野工作的臨場作業

田野工作的臨場作業，也就是實地「參與觀察」、「深度訪談」、「探勘挖掘」的實際作業，作業過程應依照計畫書展開，且隨時修正計畫，並應注意田野工作的「守則」：

(1) 入境隨俗：瞭解當地的一般社交禮儀與禁忌，尊重當地人，不能怕髒或隨意排斥一己無法接受的事物，當然，拜訪時隨時奉上禮物是基本禮節。

(2) 注意形象：在當地人眼裡，田野工作業者是「外人」，因此無須刻意穿著與他們類似的服裝，應注意個人服飾的整潔大方，言談舉止要文雅有禮，取得當地人的信賴與尊重。

(3) 細心觀察：參與觀察是社會科學田野調查的重要方式，在參與社群活動時，須時時留意每一個環節、重要人物的談

話內容、外在環境的變化等，俾於事後精確地、忠實地記錄下來。至於靜態實物的觀察，還須察人之所不見處。

（4）深入訪談：訪談可分：結構型訪談（即問卷訪談）、無結構型訪談（即非問卷訪談）。前者之訪題應經深思熟慮、咀嚼再三後命題，切忌膚淺乏味或生澀難懂；後者之訪談也應事先設計問題，由淺入深，有技巧地逐步挖掘到想要的答案。

（5）樂於傾聽：受訪者在訪談過程中，難免對政治和現實問題發表意見，訪談者不應表現出厭煩，也無須附和，或給予任何承諾，這時傾聽是最佳美德。許多社會調查者最後變成社會運動者，關鍵常在此。

（6）田野筆記：養成隨手筆記的習慣，至少每天做田野筆記，邊採集邊整理資料，隨時修正採集方式、方向。

（7）採集資料：採集資料是的田野工作的主要目的，新材料的收集是第一要務，對該區與他區有明顯文化差異的資料不能遺漏，資料的採集也不能照單全收，須判斷資料的可靠性，此外，也應留意計畫以外的資料收集，意外史料也許會讓研究者有意想不到的成果。

4. 田野工作的離場作業

（1）善後處理：採集之臨場工作結束，除了向接待者、提供服務者道謝外，場地的復原、洽借事物的準時歸還，是必要的，譬如：「我曾提供資料給台視某記者，該女記者連道謝的基本禮貌也沒有，使我決定從此拒絕所有記者的協助要求。」基於被信賴，我們才能取得資訊，相對的，我們在所作的任何研究裡，都應拒絕透露被採訪者的身分（除

非取得同意，尤其是影音資訊，不得隨意散布），行文敘
述都應避免傷害到被採訪之對象，例如：葛伯納的《小龍
村》[4]就避開了正確地名與人名的使用。

(2) 資料整理：採集紀錄與田野筆記並非立即可用，仍須經過
重新抄錄、分類、編碼的整理過程，如是依據明確定義、
詳實設計取得的資料（如：問卷、測量），屬於「定量資
料」，可以進行量化作業（統計、分析）。案例、敘述、
文件等屬於「定性資料」，提供個案、預擬概念、新概念、
建構理念的研究。傳統之整理工作使用大量的卡片，現在
我們利用電腦的文書軟體、影音軟體來處理手中浩繁的資
料，收事半功倍之效。

(3) 撰寫報告：將採集而來的資料撰寫成田野工作報告，才是
田野工作的結束。報告的書寫格式應符合各種學科的基本
要求，作為附件的訪談紀錄、問卷、踏勘紀錄，一定要清
楚注明「來源」：採集時間、採集地點、受訪對象、採集
者，採集物數值，如此，才具備公信力、研究價值；某一
對台灣民俗著力頗深的研究者，從事多次的田野工作，然
而在他的多本著作裡都未能交代「來源」，也就是欠缺學
術的研究格式，使其著作中「抄書」與「實錄」交互參雜，
白白浪費了田野工作的辛勤成果，至為可惜。

7-1.2　口述歷史

歷史的田野工作最常見的是口述歷史，由歷史工作者藉由訪問
（約談）的方式，讓歷史事件的當事人（或當時人）口述其在歷史

---

[4]　BernaldGallin（蘇兆堂譯）《小龍村》，是研究台灣典型農村的人類學調
查報告，台北：聯經，1979。

事件中的參與情形，是現代史研究的必要途徑。口述歷史也是歷史工作者搜集和記錄口述史料的方法，因此，「口述史料可分為兩種：一是口述回憶，指人們回憶自己以前的經歷和見聞的口述材料；二是口頭傳說，指那些以口碑形式流傳了若干代的對以往人物、事件的敘述。」[5]

　　口述歷史作為獨立的歷史學方法，雖開始於 1930 年代的美國，並從 1960 年代起盛行於世界各國的歷史界。實際上，口述歷史的運用一直與史學的發展並轡相行，如：古希臘的《荷馬史詩》，在我國傳統的歷史編纂流程裡，野史、雜史、地方誌一直仰賴著口述歷史的材料，如：《雲林縣采訪冊》、《嘉義管內采訪冊》、《臺東州采訪冊》、《鳳山縣采訪冊》。不同的是，新史學方法的出現，使歷史學隨著社會科學領域的擴展，讓口述歷史的製作符合田野工作的科學要求。

1.口述歷史的方法

　　口述歷史是由訪問者主控訪談方式，經由受訪者主觀陳述歷史記憶，有其選擇性、主觀性的特質，因此，歷史記憶的片斷取得之多寡，取決於採訪者的訪談技巧。口述歷史既是田野工作的一部份，採集的方式也就要符合田野工作的準則。

　　（1）工作準則：應依循田野工作的採集準則（見7-11田野採集）。

　　（2）工作流程：擬妥計畫書→申請經費補助→確定工作人員（訪談、攝影、紀錄人員）→（採集人員之培訓）→此次受訪人員名單的擬定→閱讀相關文獻資料（熟悉當代、當地之歷史是非常重要的背景知識）→擬定訪談主題（可事先傳

5　龐卓恒《史學概論》，天津師範大學，國家級精品課程網上教材，2005 年版本。

真當事人知悉）→安排訪談時地→進場（伴手禮）→臨場
（訪談、取得老照片、舊文件之複製品）→離場（場地復
原）→彙整（紀錄稿送回給當事人修正）→參佐文獻資料
→撰寫報告（口述歷史之完成品要致贈當事人）

（3）作業細節：在整個田野採集的過程中，每一作業細節都要
關注到，並隨時修正企劃案。這裡舉出幾個常見的細節問
題，表面上看似無關緊要，卻對採訪材料的取得有著重大
的影響。

I. 訪談者要有專業知識，才能與受訪者作深入的對談。

II. 訪談人員要注意形象（衣著、言行）、禮節（名片、禮
物、稱謂、應對）、守時、守信，做好訪談的時間控制。

III. 要細心觀察受訪者身心狀態、要能適時深入話題、樂於
傾聽、隨手筆記。

IV. 請受訪者家人協助蒐集生活照片及各種相關史料。

V. 錄音、數位攝影、照相都應取得同意。

VI. 透過老照片、舊文件引動受訪者的歷史深層記憶。

2. 口述歷史的功用

口述歷史的田野工作，初始動機原在於採集歷史材料以供歷史
書寫之用，逐步發展到鎖定重要人物之口傳歷史的補強。近代社會
科學的興起，使口頭傳說的採集成為無文字歷史之民族書寫自己歷
史[6]的重要途徑，平民階級的社會概念，也使歷史書寫的重心移轉到

---

[6] 例如非洲，長期來缺乏文獻記錄，要建立自己國家的歷史，就只能仰賴「口
頭傳說」的口述歷史工作，運用口頭傳說的紀錄，書寫非洲歷史：「從《非
洲歷史學報》（Journal of African History）當中可以很明顯地看出此種趨
向，晚近（1970）有三部東非通史，在關於 1500-1850 年間的部分，主要
是建立在口述歷史上。」凡西納（Jan Vansina）〈從前有個時候—非洲的

大眾歷史（企業史、農業史、社會史、醫療史、校史、社團史、宗教史、藝術史、體育史、農村史、城市史、婦女史。）的建構，貴族的、精英的、寡頭的政治史不應是歷史的全部，素民的聲音可以透過口述歷史的組構，建立與人民一同呼吸的歷史。

口述歷史有助於糾正文獻史料的偏頗，使歷史學的視角更寬廣，歷史書寫朝向展現整體社會的多樣面貌，更真實反映社會的歷史。田野工作的推動，讓更多人參與了歷史工作，讓大眾的語言也能成為歷史的語言，從而有助於歷史學的社會教育與啟迪功能，進而推動平民的歷史書寫，提升了平民大眾的歷史意識。

當然，很清楚的是：口述歷史是史料，不是歷史。

植基於受訪者的片面記憶之他方紀錄，口述歷史比其他史料有著更大的闕漏，在時間追述、事件排序、誇耀事蹟、避諱造偽、譏評貶損等方面，須經歷史考證後方能引用，這也應是從事口述歷史工作者的基本認知。

7-2　史料的積存

史料有多少？答案是無限大。

一個人窮畢生精力，也不可能（也不必要）讀遍所有的史料，曾有史學教育者要求他的學生們：必須將擬定的研究主題內之史料蒐集完整，才可繼續進行研究，寫出圓全的歷史文章；這是十分荒謬的引導。

史料數量浩瀚，繁如星空，卻也不是俯仰之間就能唾手可得，由於歷史研究常是將主題侷限在一定時空、局部人事之下，史料不

口述歷史〉，李豐斌譯《當代史學研究》，台北：明文，1982.12.，頁 476。

足，反是歷史工作者最常有的困境，因此，減緩史料闕如的苦楚，就在於平時做好史料積存的工作。

史料積存的工作，是運用、掌握史料搜集的基本方法。

7-2.1 史料的初步搜集

工欲善其事，必先利其器，史料自然不能憑空而得，如何收集呢？第一選項當然是圖書館，從何找起？工具書的運用是不二法門，進門之前，你要先確認的是：我要作什麼研究？我事先看過通論性的書了嗎？我已經針對主題條列出資料的方向（綱要的條列）？索引筆記的製作準備好了嗎？如果你的回答都是肯定的，就開始吧！

1.善用圖書館

去圖書館作什麼？自修是最多人的選項，看報紙、看 VCD、DVD、吹冷氣也是不少人的選擇，借書？那是當然的事！可能，你找書、借書的方式是進書庫去「逛書店」，或者進步一些，利用圖書館電腦的書刊查尋系統，結果都將是挂一漏萬、入寶山而空手歸，須知學校圖書館（即使是國家圖書館也是）不可能將所有的書刊完全典藏，何況，你所需要的資訊也未必在書名上告訴你：「我在這裡！」

（1）工具書的利用：工具書在圖書館裡被稱為「參考書」，是提供疑難解釋、檢索資料的書籍，包括：字典和辭典（例如：《歷史辭典》、《康熙字典》、《辭源》、《辭海》、《大漢和辭典》）、百科全書、地名及地圖（例如：《清一統志》、《台灣古輿圖集》、《讀史方輿紀要》、《台灣舊地名辭書》）、

年表及曆表（例如：《台灣大年表》、《中國年曆總譜》）、
人名及傳記（例如：《臺灣人士鑑》、《中國人名大辭典》）。

（2）叢書子目的利用：書中有書（又稱套書、叢書，如作家全
集、世界文明史），如何知道書中有哪些書？就須依賴目
錄書[7]的幫助，中國古代史籍就編有書目（例如：《漢書‧
藝文志》、《隋書‧經籍志》），工程最浩大的是《四庫
全書總目提要》[8]，近代書目的編輯則受到西方圖書分類的
影響，例如：《台灣文獻書目解題》、《台灣文獻資料目錄》）。

（3）索引書的利用[9]：書中有文（不同作者的文集），如何知道
書中有哪些文章？索引書提供了探究的線索，尤其近代學
術研究的成果，大都是以論文型式發表（不一定會編輯成
書），論文索引書的工具價值更高，不僅指示資料來源，
更是從事研究者選題方向的明燈。重要的索引書，如：《中
華民國期刊論文索引》、《廿五史人名索引》、《十三經
索引》、《八十年來史學書目》（1900-1980 的中國史學論
著）、《史學論文分類索引》、《中文博碩士論文索引》。

（4）類書的利用：類書是中國古代工具書的一種，是將各種書籍
上性質相近的文章摘錄下來，依照內容分門別類編排，作為
檢索之用的書籍。比較有名的有：唐代歐陽詢的《藝文類

---

[7] 目錄是目和錄的合稱，目是篇名或書名，錄（或稱序錄、書錄）則是對目
的說明、編排次序；將篇名（或書名）與說明依序編輯在一起是為目錄。
依此，時人常將書本開頭的篇名排序稱為目錄是錯誤的，應稱為目次才是。

[8] 《四庫全書總目提要》一書共收錄有書 3503 種，存目 6720 種，分成經、史、
子、集四部，部下共分 44 類，類下再分 67 個子錄。部有大序，類有小序，
每書皆附有提要，簡介的內容、作者等，是研究中國古代學術的重要工具書。

[9] 透過索引書的指引，查到論文篇目及其出處，再來找書（大都為雜誌、報
紙等期刊），可以省卻翻尋的時間與力氣，也可從索引書的分類項裡，查
出某一研究領域裡已有哪些人投入、成果如何？

聚》、宋代李昉的《太平御覽》、王欽若等的《冊府元龜》、王應麟的《玉海》、明代解縉等的《永樂大典》、清代陳孟雷與蔣廷錫的《古今圖書集成》等。此外，還有收錄歷代典章制度的「政書」，如：三通（《通典》、《通志》、《文獻通考》）、《唐會要》、《五代會要》、《明實錄》、《清實錄》。[10]

2. 活用網際網路資源

　　資訊時代的來臨，不僅改變人們生活的型態，也急遽地改變學術研究的生態，從文稿撰寫到資料保存、印製、傳遞、散佈，數位工具提供了距今僅二十年前的人們無法想像的便利。然而，即使電腦資料庫解決了傳統「資料卡片」抄錄的費時費事，基本的紮實工作還是要親手處理。

（1）網路搜尋的利用：網際網路的發達，網站設置的普及化（從網頁建置到部落格），圖書館、大學及研究機構也紛紛把檔案資料、歷史文獻、著作建置於網站上，並發布最新的研究訊息，全文檢索的電子圖書越來越多，看似功能無限，卻也讓人容易迷失在浩瀚的數位資料裡。因此善用網路搜尋工具，避免迷路於無味的查詢歧路（看了一堆東抄西湊的速食麵），也有賴平日的修練與技巧。目前功能最強的搜索引擎是 www.google.com.tw，（http://tw.yahoo.com/使用者也不少，中國還有一個自稱最大中文搜索引擎的百度 www.baidu.com）。除此，資料庫查詢系統是相當有用的工

10　參見吳小如與莊銘權《中國文史工具資料書舉要》，頁 237-290，1978.，北京（台北明倫複印版）。

具[11]，須注意的是，網路世界並不代表一切，傳統的史料搜集方法是無法被完全替代的。

(2) 資料庫網站的拜訪：專業的資料收集，當然要到專業研究機構的網站，如：國家圖書館、中央研究院、重點大學的圖書館及民間專業網站，每隔一段時間就去拜訪一次，常會有意想不到的收穫。

3. 檢索蒐集

歷史材料的蒐集工作，除了善用工具書、網際網路的利用外，史學訓練的扎實功夫則表現在傳統的史料檢索上。

(1) 分類檢索：確定研究主題、方向後，析出綱要內所須材料的類別屬性，分類搜集，這是歷史研究者常用的搜集法；或者，只對主題，無論是否用到，皆廣泛收取，然後才將史料分類排比，並據此研擬綱要。

(2) 閱讀搜索：閱讀與研究主題相關之書籍或論文時，看到與研究關聯的史事，或於引文、註解中提及的書名（篇名），隨即抄錄，並加以追蹤搜尋、閱讀，循此方式繼續追蹤下去，這是在短時間內搜集史料的方法。即使是平時讀書與閱讀報刊的經常性地閱讀，如能養成追蹤搜尋的習慣，日積月累下來，自有可觀的成果。

(3) 田野搜索：田野採集的方法，已如〈7-1 田野工作〉所述。

---

[11] 資料庫查詢包括：中華民國博碩士論文摘要檢索系統、國家圖書館中華民國政府出版品目錄、圖書館館藏目錄查詢系統、行政院研考會學者專家資料庫、報紙標題索引資料庫、國科會歷年研究計畫查詢、期刊目次查詢系統。

4. 素材的抓取

歷史的田野採集因工作面向的不同，採集內容也有所差異。在主採項目外，還須抓取哪些歷史素材？從民俗信仰、社會運動的參與觀察，到史蹟勘考，或諺語、歌謠、剪報、雜誌、鄉土文獻的採集，再到人物的訪談、口述歷史的製作，是當前歷史工作者較常抓取的內容。

(1) 發現史料：對史料的敏感認知與精準判斷，是發現史料的第一步，對初學者而言，可能認為只要是古老的就是史料，以致贅料堆疊，也是無妨；在田野採集的過程裡，常會不經意地碰觸到意外史料，雖非當下研究所須，也應連帶收集。

(2) 抓取的方法：史料取得的方式包括：公開徵集（藉由某項活動的舉行，制定徵集辦法）、主動索取（以書信、電話或親自拜訪方式取得）、購買（到二手書店尋寶，或向收藏者、拍賣者購買）、複製（圖書館等機構典藏品或私家收藏品，可以影印、翻拍、攝錄、仿製的方式取得）、抄錄（有些機構十分重視典藏品的永久保存及其專有權利，不准複製，除了向其購買複製品外，只能在館中以手抄的方式取得）、背誦（這是最無奈的方式，在閱讀原件時，強記在心，離場後立即背出抄錄，惟須注明取得方式）。至於實物史料，原件取得並非易事，可以用拍攝的方式取得影像或圖片，傳統上，對碑文的取得是用「拓碑」的方式，現在，數位相機取代了這一工作。

7-2.2　史料的整理

以資料卡片抄錄而來的史料，或是田野調查彙整而出的史料，或是仰賴數位工具儲存的史料，累積的結果，龐雜而散亂，而且大都為初始材料，還不能輕率引用、書寫歷史文論。因此如何化繁為簡，駕馭史料而不為史料所羈絆，就有賴於整理的工作。

1. 分類編號

歷史材料的瑣碎紛雜既為預知，在蒐集的過程中，就應開始整理的工作，分類是最基本的。如是廣泛蒐集而來的史料，可依其來源、性質分類別，一般而言，可簡單劃分為政治、經濟、社會、文化四大象限，每一象限還可再分類，然後再往下細分，大類分小類，小類再分細類，例如政治可分為：國家、國際關係、政治制度、軍事、政黨、移民及殖民，國家可再分為：政治發展、國家形態、機制、領導、體制、政府等。分得細有助於日後史料之比對、排序、稽考的進行。

把不同來源的史料，逐一分類，並加以編號（資料卡片示例，如圖），方便檢索，更有助於歷史寫作的進行。[12]

然而，這只突出史料的一般性質，不足以顯示史料的多樣性，因為，一筆史料記載的內容可能同時相關到不同的分類項，必然產生了第二編碼[13]（乃至第三編碼）的問題，因此，有經驗者都會將史料「單筆化」[14]。

---

[12]　編號舉例：某一資料卡上抄錄的內容為：「這兩個潮流在台灣瀰漫，使台灣文化協會醞釀分裂的空氣。於是民族主義者全部總退卻，結集其勢力，組織台灣民眾黨，來跟台灣文化協會對立。」子題為台灣文化協會，事涉日治時期台灣民主政治的發展，屬政治類（代碼：政治1、台灣T、近代史5、文化協會1）可編碼為1T51_1001-03，1001為流水號，-03為該號之第3張卡片。

[13]　承上例編號：該資料卡內中也提及：「台灣民眾黨」，也屬政治類（代碼：

CH6　3-1	台灣文化協會	IT51_1001-03
	連溫卿〈一九二七年的台灣〉	IT52_1001-01
	台灣總督府警察沿革志，p203 譯文／王詩琅譯《台灣社會運動史》，p358-359	
	他們所主張的是以設立台灣議會為其極限。又後者所主張的，因為是以最大多數的台灣無產階級的解放為其目的，內容不同是當然的結果，自然互相要對峙，駁擊是不能免的，蓋無產階級、農民及城市工人的利害關係是跟小數地主資本家不能一致的。 這兩各潮流在台灣瀰漫，使台灣文化協會醞釀分裂的空氣。於是民族主義者全部總退卻，結集其勢力，組織台灣民眾黨，來跟台灣文化協會對立。	

　　上述為全盤性史料的分類，如果事先已鎖定研究主題，也可直接依照研究綱要來分類，並且把上述知識分類也順道編入，形成為雙軌制編碼，有利於未來擴大研究時之再利用。

　2. 時間排序

　　歷史是時間的科學，時序是歷史書寫的經線，史料是歷史書寫的緯線，史料分類後，自然是以時間的先後作為排序的規則，使之前後呼應，一脈相承，避免張冠李戴的錯誤，或出現誤用後期史料敘說前期歷史的亂象，不致產生「張飛打岳飛」的歷史書寫笑話。

　　史料分類編碼中的流水號，就是時間序。

　　政治1、台灣T、近代史5、台灣民眾黨2）可編碼為1T52_1001-01，並且與原編號1T51_1001-03併列。

14　史料單筆化，有利於量化的作業，然而，如此常須將歷史材料作細部切割，反而傷害到歷史材料的完整性，也容易產生以管窺天、斷章取義的弊病。

史料的分類越細，在流水編碼時，將發現在某一「子題」下，內容或性質相似（或差異極大）的史料，就應給予群集編碼，在史料解讀時，察考其相互關係（剔除重複、轉手的史料），進行辨偽和考證（如：史料的差異性質、內容南轅北轍等）。

7-2.3 史料的解構

史料整理過程中或告一段落時，就可進行「史料的解構」，也就是歷史材料的進一步整理工作，以科學的方法作歸納、比較、綜合、分析，隨時調整史料的分類與編碼，在解讀的過程中，發現錯誤、錯漏、矛盾與衝突，補足因考證、解釋之需而欠缺的史料與參佐文論；進行解讀時，勤作札記，一有所得，隨時筆錄，一有新史料，隨即修正已得之結論或解釋。

1. 史料整飭

（1）歸納：歷史學在史料的運用上，是先收集「完整的」史料，以為歸納；演繹學者卻常是先找出主題（觀察），提出架構理論（假設），再找史料填充（實驗），以有限史料推理出結論；從此也可看出歷史學與其他社會科學的極大差異。在歷史學裡，認為史料蒐集的時間愈久愈好，並應儘可能蒐集齊全，再作歸納，再得結論，而現存史料絕對無法完全將歷史本體完整重現，因此，經由歸納所得之結論，應避免使用「所有、必然、絕對、當然」等畫上絕對值符號的字眼，代之以客觀、中性的辭彙：「或許、幾乎、可能、應該是」等。

（2）比較：史料的信度與真訛，可從「來源」的比較上見到異同，此即同源史料與異源史料的比較，史料產生的作者為

同一人，或是傳抄、轉引、二手的史料，屬於同源史料，
前者可從其不同篇章比較作者記述之異同，後者則應加強
校勘與考證。異源史料的比較常能有新的發現，例如：過
去研究 1920 年代台灣社會運動史者，早期常援引葉榮鐘的
《台灣民族運動史》[15]，後期常援引《台灣總督府警察沿
革誌》（兩者有同源史料的特質），偶有援引《台灣民報》
來補述史事，忽略了以《台灣民報》這一異源史料與之比
較的作業，以致於在歷史敘述上多有錯誤、錯漏的現象。

(3) 綜合：將歸納所得彙整而出，從史料比較中排比出同異，
再佐以前人研究成果，綜合而推得新論。綜合階段所處理
的已非單一史料，是同類性史料間歸納、比較的總結。

(4) 分析：史料的分析從史料內容開始，在史料歸納、比較、
綜合的程序裡，發現人物之特質、史事的時代特色等，予
以排比整飭，而得出論見。或是在同類性史料彙整後，再
析而論之，歸納出新的論見。

15　葉榮鐘的《台灣民族運動史》（此書成書於戒嚴年代，為能順利出版，遂
　　以葉榮鐘、蔡培火、陳逢源、林柏壽、吳三連等五人聯名的方式出版，實
　　際作者為葉榮鐘，台北：自立晚報社，1982.2.。）除了作者個人的記述外，
　　內文還夾雜抄譯了許多來自《台灣總督府警察沿革誌》（台灣總督府警務
　　局編《台灣總督府警察沿革誌，第二編領台以後の治安狀況（中卷）（村
　　上克夫、小松三郎輯錄）》，台北：台灣總督府警務局，1939.7.。）的資
　　料，因此，此書兼有同源史料與異源史料的性質。史料在從原書到轉手之
　　間，常見的錯誤有：抄襲、刪節、潤飾、印版、改寫、錯譯、斷章取義等
　　錯誤，葉榮鐘此書也沒能例外。

2. 史料解讀

　　以科學的方法處理史料，是歷史學的通則，然而歷史之「人因工程」，卻也是史料處理過程中重要的環節，這一人因工程表現在史料的處理上，是歷史工作者常見、難以避免的自我挑戰。

(1) 史料閱讀：史料運用的第一步就是閱讀，我們無法要求史料都以我們熟悉的語言文字來表現，史料的時代特性自然就困擾著閱讀者，形成深具魅力的挑戰，以台灣史的研究為例，史料上的語言表徵可能出現的有：荷蘭文、西班牙文、英文、日文、中國文言文、台語文（羅馬拼音文字、漢譯台語）、滿文、漢文草書、代碼、符號（商業的、原住民的、宗教的）、銘文（篆體字）等等，考驗著歷史工作者的閱讀能力。受限於閱讀能力，使歷史工作者「被迫」選擇一己熟習的領域，或者付出更多的時間與精力，學習「新」的語言，或者無奈地接受二手的「翻譯史料」。

(2) 史料解讀：史料閱讀能力的考驗方過，緊迫而來的是專業知識的運用，也就是史料的解讀能力；史料包羅萬象，難免會碰觸到較專業、令閱讀者感到生澀的知識領域，諸如：建築、考古、語言、美學、音樂、水文、天文、航海等專業學科，除可尋求各類工具書的協助外，也可求助於專家，然而，如涉及行業特殊用語、生活禮俗、習慣、文化傳統，仍有賴於平日累積而得的歷史基本知識，及長期涉獵研究領域涵養而得的知識。

(3) 史料解釋：史料是歷史解釋的基礎，因此史料的取用必須格外謹慎，長期來，史學界已有著共同的規則：史料引用愈原始愈好、孤證不可得結論、結論的歸納來自多量的異源史料、一有反證史料出現即放棄或修正已得之結論。讓

　　史料說話，是史學研究的要求，當然，史料必須在史學工
作者將之整飭後，提出歷史解釋，才能發聲，這解釋植基
於歷史材料的內涵，史學研究要能有觀察的穿透力，在通
達的歷史背景知識下，點出某一史料的特殊意義，將之作
為歷史解釋的張本。

第八章

歷史的解讀：誰來讀歷史？

8-1　讀歷史的方法

　　歷史知識的學習，絕對不是背誦人名、條約、年代、戰爭、功績等升學考試的得分關鍵，歷史書籍的閱讀，也不是在如何畫重點，如何找故事。那麼該如何讀歷史呢？先想一想：歷史有什麼？歷史是思想與智慧，問題在於思想或智慧並非憑空而來，它需要多面向的思考空間，需要你從生活哲學裡去驗證，作合於邏輯的思考，並藉此反思與質疑，才能增進歷史的智慧，才能從歷史的閱讀中享受到樂趣，更進一步，思索歷史，對歷史得出一己的解讀、解釋，乃至能比較歷史、發現歷史的型模。

8-1.1　思想與歷史

　　思想之於歷史發展，一如骨幹之於軀體，儒家思想是中國歷史的核心，基督教思想則為西方國家的動力，歷史的發展有其變的特色，也有不變的特質，思想常是歷史中恆久不變的驅力。思想體系下的諸般學說，一旦樹立，常能引領風潮，甚至左右歷史的發展方向。在東方，孔子的言論主張，在他的時代裏充滿了無力感，然而「禮」的規範卻是中國社會長期來的文化動力，「必也正名乎」五個字也標誌著正統論的傳統價值觀。在西方，卡爾·馬克思的《資

本論》是經濟學的經典著作，卻是社會主義思想的主流，影響了二十世紀歷史的發展。

　　思想是甚麼？思想是思維活動的結果，屬於理性的認知，每個人的思想都是從經驗與學習中而來，因此，無可避免主、客觀的價值判斷，歷史作品不僅呈現歷史，也流露史家的思想，讀史者也因思想的歧異而有不同的體會。[1]

1.邏輯與思想

　　在我們的生活裡，邏輯是思想的科學法則，邏輯是研究區別正確推理或不正確推理所使用的方法與原則，在歷史作品中，無可避免的也潛存著不少邏輯的繆誤[2]。歷史的價值判斷每隨著邏輯的繆誤，在有心或無意間存在著，使歷史在敘述或解釋上產生偏差，尤其是人物的褒貶、事件的臧否，最易陷於「訴諸道德權威的繆誤」。

---

[1] 思想可以分為(1)有顏色的思想，包含了美藝的思想、規範的思想、情緒的思想。在這些思想中，祖宗遺訓、傳統、宗教、意識形態等，是具支配力的思想成品。人們常以訴諸感情、訴諸成見、訴諸權威、訴諸巨棒的方式來支持有顏色的思想。(2)顏色中立的思想，如圖像的思想，它是客觀存在的，卻也可以是主觀的。(3)無顏色的思想即認知的思想，是客觀存在的，如科學知識。（參見殷海光《思想與方法》，台北：水牛圖書，1991.6.，頁37-67。）

[2] 邏輯的繆誤可分為兩類，其一：關聯的繆誤（指前提與邏輯推理無關），諸如：1.訴諸武力的繆誤。2.人身攻擊的繆誤（惡意攻擊、環境攻擊）。3.訴諸憐憫的繆誤。4.愚妄無知的繆誤（涉及非科學的認知）。5.訴諸群眾的繆誤。6.訴諸權威的繆誤。7.以全蓋偏的繆誤。8.以偏蓋全的繆誤。9.虛妄原因的繆誤。10.自找前提的繆誤〈結論與前提雷同〉。11.文不對題的繆誤。12.複式問題的繆誤〈二選一的陷阱〉。其二，含混不明的繆誤有：1.一詞多義的繆誤。2.語義曖昧的繆誤〈不確定語〉。3.加重語氣的繆誤。4.合成的繆誤〈以偏蓋全〉。5.分割的繆誤〈以全蓋偏〉。（參見柯比（Irving M. Copi）《邏輯概論》張身華譯，台北：幼獅文化，1972.3.，頁45-58。）

因此在對史事做評述時，如能認知邏輯的繆誤，不僅有益於思考空間的開拓，也能避免「絕對值」的價值判斷。

2.多面向的思考空間

閱讀史籍，在思考的過程中無可避免的也會碰到一些障礙，諸如：1.知覺的障礙。2.情緒的障礙。3.文化與環境的障礙。4.理解與表達的障礙。5.團體與組織的障礙。而：1.自我中心。2.顧全面子。3.抗拒改變。4.從眾行為。5.刻板印象。6.自我欺騙。則為阻礙思考的要因。

如何善用思考？可經由：思考語言的運用（心智語言、數學語言、感官語言）、質疑的態度（訓練觀察能力、找出事件的缺點、把挫折當成挑戰、尋找起因、對相關問題持敏銳感受力、努力平衡不同觀點）、分析方法的使用（摘列各項基本論證、查看這些基本論證的屬性、歸類、組織並系統化）、閱讀書籍、突破環境限制（自由聯想、強行採取不平常的做答、應用類推法、尋找不同的組合、想像結局）等方法來自我訓練。

3.歷史即生活

歷史即人生，人生即哲學，在我們的週遭有許多充滿哲理的語句，俯拾皆是。從：「橫看成嶺側成峰」、「眾裡尋他千百度，人在燈火闌珊處」、「實踐是檢驗真理的最佳法則」、「謊言就是事實的影子」、「管牠黑貓白貓，能捉老鼠的就是好貓」、「華嚴六相：總相、別相、同相、異相、成相、壞相」、「獨孤九劍，求敗最難」、「太極至境：忘形」、「凡是罵我的，都在他的心裡為我供了一個牌位」等辭句中，你頓悟出了什麼？

　　「一部廿五史從何讀起？」，如何在所讀有限的史籍中，提出不同凡響的看法？歷史也可以不是一堆斷爛朝報，也可以不是一堆人名、數字的組合。

8-1.2　思考與質疑

　　歷史有什麼？我們閱讀歷史書籍和閱讀一般書籍，常採一樣的方式和態度，這樣好嗎？對嗎？還記得我們已經探討過歷史學的定義、史料的收集與考證、歷史的書寫吧！在對「歷史」有了「認識」後，閱讀歷史的習慣是否也應該有所不同了呢？我們無法要求每個人都是專業領域裡的歷史家，並不代表我們就沒有立場去評論或質疑專業領域裡的歷史作品，常識以及閱讀者本身的專業素養，就是一個閱讀的基本點，從這個基本點出發，我們從閱讀中，可以得到的樂趣不應只是「我又讀了一本書」而已，透過閱讀過程的思考與質疑，我們應該可以把歷史述說的閱讀，提升到歷史知識的擷取上層。

1. 歷史閱讀的樂趣

　　歷史書籍可概分為兩類：一般性（通俗）的歷史書和學術性的歷史論述，前者，敘述生動活潑，文字較為淺顯易讀，卻也常見東抄西湊、道聽途說、立論無據的現象；後者架構嚴謹，講究史家論述的規格，行文每多引經據典，遣辭用字也常有晦澀難懂之憾，易讓讀者望而生懼、避而遠之。

　　許多人常說對歷史有興趣，可能是因為一般性的歷史書讓人感到好玩有趣（這是歷史學者該深自省思的嚴肅課題），閱讀史籍如讀小說，真是有趣，問題是，你看過一本小說後，可曾細思所讀的書給了你何等啟發？你聽到了絃外之音嗎？你可曾自問作者在表達著何種思維？還是作者只是平鋪直敘的說故事而已！以金庸的

武俠小說為例，《天龍八部》裡的慕容復念念不忘的，除了王語嫣就是復興燕國，作者嘲弄的不也是誓復國土的蔣介石？喬峰的出身與境遇，則反諷著族群認同超越了正義與公理，金庸的小說之所以被肯定，理由就在這裡：有趣之外還能引起共鳴和反思，閱讀歷史也該如此。

在浩瀚的知識群籍裡，你是否讀每本書都像是在準備考試般呢？其實，閱讀也是有層次的，從瀏覽、跳讀、略讀到精讀，閱讀歷史也該如此。

學習歷史，不一定是要做歷史學家，是要去認識歷史知識、認知歷史學的內涵，藉由認識史學的方法來瞭解過去，進而有助於對當今時局的了解與分析能力。所以，閱讀歷史的過程裡，精讀（朱筆圈點）的古早方式偶一為之即可，我們需要的是：概念記憶與區塊認知、時序排列和簡單的歷史比較、基礎的歷史解釋的能力訓練。

2. 歷史閱讀的思與言

閱讀史籍，思考的過程是非常重要的。

觀賞一部影片（或電視劇），你選擇有趣的無厘頭電影，只要準備慵懶的心情和無聊的、多餘的時間就夠了，接下來就是準備開懷大笑或哭哭啼啼，如果你想要的是夠水準的電影（如戰火浮生錄、辛德勒的名單），那麼場景、取材、攝影美感、演員表現都會是你關注的焦點，重要的是心靈的震撼力，還有觀賞後想要與人分享的動力，因為你觀察到了導演想要表達的中心思想，因為你不只觀看而且「思考」了。

閱讀歷史也是一樣的，觀察與思考很重要，在初接觸某段歷史敘述時，我們可能照單全收，甚至強記死背，這樣對歷史認知能力的提昇是毫無幫助的；觀察歷史現象是基本的態度，作者怎麼說我

們就先怎麼看，然後，我們開始思考：何以有這樣的歷史現象？這一現象對歷史的發展有何影響？問題可能就會連串而來，答案如何？一時或許無解，然而，這才是歷史閱讀的途徑。

　　我們試選一段高中歷史教科書的文字為例：

> 當時北方大亂，中原人士相率南渡，王導為之撫輯流亡，收其賢人君子，復延結吳地故老，共度艱危。當時荊、揚二州地方安定，戶口殷實，在王導竭力輔佐下，東晉立國的基礎賴以穩固，時人稱之為「江左夷吾」。[3]

　　從這一段文字裡，我們的觀察是：西晉末期北方人相繼南遷，南方人感受到壓力，在王導的折衝下，一個以北方士族為主體，南方士族為協力的東晉政權成立了。接著我們開始思考：既然荊、揚二州富庶，吳人何須與中原人士共度艱危，應是收容流亡才是，文字敘述豈不矛盾？而東晉政權是在王導的操作下，由中原的「賢人君子」（什麼人？）所建立，政權之所以穩固，是吳地故老被延納糾集了！為什麼要這樣做呢？顯然，新政權的建立，代表的是北方政權的重建，南方人如何能乖乖的合作？

　　這就是東晉士族在江南建立外來政權的歷史，流亡士族身分尊貴，在朝廷身任要職，當地士族只是點綴性質，課本何以不寫白一些？你能想到是為什麼嗎？

　　是的，「為什麼」就是我們閱讀歷史時該多想一想的作業，拿教科書的內容來自我訓練是不錯的方法，觀看課文中的敘述有無矛盾之處，有無不合現實與邏輯的地方，有無欲言又止之處，並且記得：教科書的解釋不能是唯一的正確解釋。

---

[3]　國立編譯館《高中歷史》第一冊，〈第九章魏晉南北朝的分合〉，1998.8.。

唾棄背誦式的讀書方法，多多思考就能從歷史閱讀中得到真正的樂趣。

8-1.3　史書的解讀

歷史閱讀進入到學術性的史籍時，思考依然重要，質疑更是必須的態度，從作者的著述立論裡，觀看作者書寫歷史是否符合歷史方法、立論是否嚴謹、所引導而出的結論是否符合邏輯得可以接受？即使已被奉為圭臬的經典著述，也不見得就無懈可擊，歷史學家能有他們對歷史史料的解釋權，閱讀者當然也能對歷史學家的作品有自己的另類解釋。

我們讀一段歷史，認真的去讀，能讀出什麼？先從《詩經》〈周南‧桃夭篇〉開始吧：

> 桃之夭夭，灼灼其華。之子于歸，宜其室家！桃之夭夭，有蕡其實。之子于歸，宜其室家！桃之夭夭，其葉蓁蓁。之子于歸，宜其室家。

這裡的于歸所指為何？室家又是何義？[4]關於「于歸」一詞大概會註解為：「古代稱女子出嫁為于歸。」如此定義太簡略了吧！于

---

[4]　林柏維〈之子于歸的解毒〉全文：（http://mail.stut.edu.tw/davidlim/0603HS/hs1_000.htm）

《詩經》周南‧桃夭篇：「桃之夭夭，灼灼其華。之子于歸，宜其室家！桃之夭夭，有蕡其實。之子于歸，宜其室家！桃之夭夭，其葉蓁蓁。之子于歸，宜其室家。」你能譯成白話文嗎？

相信一般學者都會將之翻譯如下：「桃樹啊！多麼茂盛，開著艷麗的紅花。美麗姑娘出嫁了，多適合她的人家。桃樹啊！多麼茂盛，結出累累的果實。美麗姑娘出嫁了，多適合她的家室。桃樹啊！多麼茂盛，綠葉茂密成蔭。美麗姑娘出嫁了，多適合她的家人。」其中，關於「于歸」一詞大概會註解為：「古代稱女子出嫁為于歸。」「室家」一詞會註解為：「指女子所嫁的人家」。

歸的真意果真如此簡單？我們從傳統漢族習俗及宗祀繼承去看，認祖歸宗的「歸」字和于歸應是同解，于歸就是回家。而「室家」一詞則被註解為：「指女子所嫁的人家」，這未免是望文生義了，我們也來禮失求諸野吧！在傳統的宗祀繼承裡，男子為房，從三合院住屋結構去看，房中有室，房室組合為家，室屬女子，成家立業的家指的就是這個，有家室的人指的也是已婚的男子，如此說來，「家室」一辭就深具歷史意涵了。

其次，我們來讀一段施琅〈台灣棄留疏〉的奏文：

> 台灣地方，北聯吳會、南接粵嶠，延袤數千里，山川峻峭，港道紆迴，乃江浙閩粵四省之左護……原為化外，土番雜處，未入版圖……野沃土膏，物產利溥，耕桑並耦，漁鹽滋生……臣思棄之必釀成大禍，留之誠永固邊圍，……臺灣一地雖屬外島，實關四省之要害，勿謂彼中耕種，猶能少資兵食，固

從台灣南部傳統的「冥婚」習俗來觀察，我有著不同的解讀。

傳統漢族習俗有「大年初二回娘家」，台灣社會指出嫁女兒回家為「轉去後家厝」，為什麼？這須從宗祀繼承談起，依儒家傳統，女子結婚當日首要大事就是進大廳祭拜夫家列祖列宗，是一昭告眾神、鬼、人該女子即刻起歸屬夫家，冠夫姓的道理也在此（日本則更乾脆，去原姓換夫姓），再依傳統，男子為房、為丁，房中有室，此室合宜婚配女子，所以詩經「宜其室家」之義昭昭在此，相對的，女子怎能再以原來的家為家，稱之為「娘家」、「後家厝」至為適切。如此，「之子于歸」之義，應譯為：「這個女子啊！終於回家（夫家）了」，方為妥適，所以，于歸之喜是為回家之喜，怎能不喝酒慶祝。

依照上述解釋來衍申，女子未出嫁（嫁者，女子之家也）就是未進入「夫家」的廳堂，萬一不幸身亡，自然不能列名「理論上的夫家」之「列祖列宗」的牌位上，如此，自無直屬或旁支之後嗣祭祀。從情感上而言，女未嫁而亡，勢將成遊蕩的孤魂，倘能完成其「于歸」儀式，才是善終，所以，在這樣的架構下台灣南部「冥婚」的習俗，方有合理化根源。

「之子于歸」的「毒」，解了嗎？

當議留；即為不毛荒壤，必藉內地輓運，亦斷斷乎其不可棄！
惟去留之際，利害攸係。[5]

施琅這篇奏文，改變了康熙放棄台灣的立場，終於在 1684 年 5
月 27 日，宣布領有台灣。

首先我們要問：康熙改變立場的原因是什麼？是台灣為江浙閩
粵四省之左護？是臺灣物產利溥、漁鹽滋生？當然不是，是「臺灣
即為不毛荒壤，棄之必釀成大禍」，震懾了康熙的心，所以「留之
誠永固邊圉」，也就是說，收編台灣只是為了鞏固邊疆罷了！所以，
我們很清楚的看到清政府消極治台的歷史源頭，而施琅對台灣的
「美譽」，反而只是用來說服的理由而已。

我們再來讀，關於清初台灣社會狀況的描述文字，1697 年（康
熙三十六年），郁永和到台灣來，觀察到：

臺郡獨似富庶，市中百物價倍，購者無吝色，貿易之肆，期
約不愆；傭人計日百錢，趑趄不應召；屠兒牧豎，腰纏常數
十金，每遇摴蒱，浪棄一擲間，意不甚惜；余頗怪之。因留
臺久，始得其故。[6]

1722 年（乾隆三十七年），朱景英所看到的也是：

[5] 余文儀《續修台灣府志》，臺灣文獻叢刊 121，臺灣銀行經濟研究室，頁
712-714。
[6] 郁永河《裨海紀遊》，臺灣文獻叢刊 44，臺灣銀行經濟研究室，頁 30。續
言：「茲地自鄭氏割據至今，民間積貯有年矣。……植蔗為糖，歲產五六
十萬，商舶購之，以貿日本、呂宋諸國。又米、穀、麻、豆、鹿皮、鹿脯，
運之四方者十餘萬。是臺灣一區，歲入賦七八十萬，自康熙癸亥削平以來，
十五六年間，總計一千二三百萬。入多而出少，較之內地州縣錢糧，悉輸
大部，有出無入者，安得不彼日瘠而此日腴乎？」（頁 30-31）

> 海外百貨叢集，然直倍中土。俗尚華侈，雖傭販輩徒跣載道，
> 顧非紗帛不褲。婦女出不乘輿，袨服茜裙，擁傘趿逍遙中，
> 略無顧忌。匠作冶金範銀，釵笄釧珥之屬，製極工巧。凡鬻
> 冠服履襪者，各成街市，闐然五都，奢可知已。[7]

　　關於「市中百物價倍，購者無吝色」及「百貨叢集，然直倍中
土」這一現象，學者黃富三在《霧峰林家的興起》一書中如此解釋：
「清代台灣，由於手工業不發達，日用品多仰賴進口，以致價格昂
貴，生活費用偏高。」[8]你也贊同他的說法嗎？我們是不是也可以反
思：這是生活水準高的地區的經濟力表現呢？就如同許多學者用「苛
捐雜稅」一語去評論荷蘭時期的台灣一般，我們也可以反思：如果台
灣本身的經濟條件不足，荷蘭人又如何能去抽稅？相對的，稅務的繁
複，是不是也可以解說成經濟富裕的另面結果呢？郁永和和朱景英從
中國來，自然是以中國的標準衡量，台灣的物價昂貴，奢侈之風盛行，
正是顯現了台灣與中國經濟力的強烈對照，放諸於今天的海峽兩岸，
中國人對台灣的觀察，大概也會如同郁朱兩人吧！

　　為什麼歷史的解讀會有這些差異呢？這牽涉到書寫者與閱讀者
間認知的不同，立論的依據或許相同，卻觀看出不同的解釋樣貌，
這是歷史的偏光現象，這都還是可喜的事，令人擔憂的反而是書寫
歷史的人，刻意地隱藏所掌握的史料、有意地曲解歷史本體，以一
己偏執的史觀、價值觀，強將歷史敘述導入設定好的意識形態框架
之中；我們翻閱當今中國所出版的歷史書籍，就充斥著意識形態掛
帥的偏光現象。

7　　朱景英《海東札記》，臺灣文獻叢刊 19，臺灣銀行經濟研究室，頁 28。
8　　黃富三《霧峰林家的興起》，台北：自立晚報，1987 年 10 月，頁 18。

8-2 歷史解釋、解釋歷史

藉由史料把往事不厭其煩得敘述出來，是為歷史敘述。歷史家從事歷史工作的第一層，就是要把蒐集「完整」的史料，重新組構成最貼近歷史本體的歷史敘述，對於尚未被處理過或仍屬殘缺不全的「往事」，歷史敘述的作業是必須的，雖然，那是歷史工作裡最耗時、費力、煩悶、枯燥、寂寥的事工，卻也是最基礎的、最扎實的事業。[9]當歷史敘述到達成熟的階段，讓史料說話的歷史解釋就必須進場。

8-2.1 歷史解釋

歷史解釋與歷史敘述有著相依存的關係，以史料來串聯，敘述歷史本體時，將發現歷史事實間彼此的微妙關係，或者存在著特殊的意義，將之點出，或以現代語彙加以說明，歷史解釋就自然呈現了。例如：敘述夏商周三代（三國）與華夏民族歷史的關係，發現到，以夏為中心的華族和四周夷戎蠻狄的國族分野，是以文化層次來作區分，因此隨著商進入華夏、周進入華夏，夷戎蠻狄也就跟著往外層推演，而夷戎蠻狄的方位性質（東西南北）也逐漸褪色成文化層次較低的代名詞，因此，歷史上的夷，指涉的可以是今天的山東、東海島嶼、日本或琉球，以至近代東來的英國。我們再引孔子的話：「微管仲，吾其被髮左衽矣。」[10]來說明，齊桓公姜小白的

9　我在《台灣文化協會滄桑》一書的後記裡如此寫著：「本書側重於留史，故以敘史為主，不敢多做解釋、妄下定論。」書寫背景就是因歷史學界欠缺關於台灣近代史的歷史敘述，環顧今日，距離我在 1984 年 5 月完成碩士論文，已超過二十個年頭，這期間，台灣史研究雖然興旺，關於台灣近代史的整體性歷史敘述之著作，顯然還是不足，究其原因，在於從事通論性的歷史敘述著作，不如小專題式的社科理論搭配之文論吃香。

10　子貢曰：「管仲非仁者歟？桓公殺公子糾，不能死，又相之。」子曰：「管

霸業中心，建立在管仲的「尊王攘夷」策略上，此語與華夷之防、用夏變夷，在中國衰敗的歷史階段上，屢被提出，有著共構關係；然而，我們該去解釋的是：夷，是誰？是東方非華族的民族，以此推論到早期台灣歷史的諸般敘述裡，夷州的意涵就有著「非華夏之土」的深層意思，如此，以台灣為夷州之論說是屬政治語言，不是歷史敘述或歷史解釋。

歷史解釋貴在能與歷史敘述相行並轡，一則敘說有據，二則釋而有方，歷史解釋要能在概括性的、完整的歷史敘述後，作符合邏輯的分析，歷史解釋自能渾然而出。

8-2.2　解釋歷史

解釋歷史當然不能任意而行，隨想而論，仍有著應該依循的規範，來尋找歷史的通則：[11]

(1) 歷史趨勢與潮流：清楚認知歷史上有大的趨勢、大的潮流，紛云中若有秩序，變異中實相呼應。

(2) 資料殘缺不提通則：自殘缺的資料中，歸納出來的通則難以推廣，相對的，自理論演繹，未必符合實際，反而有削足適履之弊。

(3) 通則與理論的限度：盡力自資料歸納出通則，也無需自我設限，不需理論來演繹通則，當然，絕不能將通則當成不變的金科玉律。

仲相桓公，霸諸侯，一匡天下，民到於今受其賜。微管仲，吾其被髮左衽矣！豈若匹夫匹婦之為諒也，自經於溝瀆，而莫之知也！」《論語》〈憲問第十四〉。

[11]　參見杜維運《史學方法論》，台北：華世，1979.2.，頁 222-224。

（4）沒有絕對的歷史解釋：一旦有新史料或新理論提出了強而
　　　有力反證，就應放棄既有的通則，所以，歷史敘述應審慎
　　　使用最早、最佳、最大、全部、所有、一定、必然等充滿
　　　絕對值得語言。

　　解釋歷史以歷史敘述作基礎，在豐厚的知識與思想下，避免主
觀判斷、價值判斷、立場呵護、道德曲解，尋求歷史通則，作出歷
史解釋，使歷史能在客觀的、普遍的認知上，被敘述、詮釋，使歷
史本體經由歷史著作而有新的生命力。

8-2.3　歷史型模的複製

　　歷史敘述與歷史解釋，在於闡明歷史發展的軌跡及其意義，也
可以說是歷史工作者在史料整飭後，重構歷史現場的表現。

　　史料的全然呈現，是理想的境界，史家在處理歷史材料時，總
是要面對史料的不完整性的問題，建立通則是歷史解釋的歸趨，而
社會科學理論的驗證，也在提供不同場域的歷史解釋，當許多歷史
工作者把他們的研究成果表現出來後，我們也循此看到了歷史通
則，也就是歷史型模的移轉運用。例如：清代台灣的移民墾拓歷史，
從前人的研究裡，可以使用信仰圈、本土化、仕紳社會、家族勢力、
集體墾拓等通則，來解釋民變問題，而民變的歷史事實，也相對提
供前述通則的引證。

　　歷史型模的移轉運用，可以「移民墾拓模式」[12]為例，在仕紳
階層為主體的集體墾拓下，業主、墾佃、農業勞工在區域開發中有

---

[12] 「資本家（仕紳階層）投入資金到定點的墾地上，取得渡台許可後，直接
　　或間接（人力仲介者）從原鄉引入農業勞力，農業的土地依附特性使他們
　　定點地形成同鄉（同姓、同族）聚落，後續歷史裡的羅漢腳問題、分類械
　　鬥問題、族群遷徙與併合的問題，也都從這個土地定點上發其端。」林柏
　　維〈農業勞工〉http://mail.stut.edu.tw/davidlim/0603HS\hs1_000.htm

著共構關係，以此為基調，在史料無法圓全的情況下，我們仍能敘述出某一村莊、鄉里的早期歷史脈絡。

8-3 比較歷史

從歷史閱讀到歷史解釋，中間的轉程充滿著智慧與思想，然而，如能再向前一步：比較歷史[13]，將能跨越文化的隔離，對異文化得有深度的認知與理解，擴大國際視野，凡事皆能關注政治、經濟、社會、文化的相互關係。

比較歷史要比較什麼？要從被比較的歷史中尋找共通處、相異處，並尋找產生同異的主要因素、一般因素，從而得到作為歷史解釋使用的「普遍規律」、「歷史法則」，或歷史相異發展的「或然因素」、「必然因素」。例如：馬克思提出了生產力與支配力的權力論述，湯恩比以挑戰與回應來說明文化發展的異同原因。

8-3.1 歷史比較的方法

歷史比較可以是：

(1) 以時間為軸線，對不同階段的歷史現象，做異同比較（可稱為縱向歷史比較，或是垂直歷史比較），是探討歷史發展過程的比較，試圖找出歷史演變的規律性；歷史比較可以是：對同一時期之不同歷史主體的異同比較（可稱為橫向歷史比較，或是水平歷史比較），是在考察某一歷史現象，在不同的時空表現出的共同性與特殊性，試圖找出歷史異同的原因。

---

[13] 法國史學家馬克•布洛克，在 1928 年首先提倡使用比較方法研究歷史，因而被西方史家稱為比較史學之父。

（2）從觀察視角的大小來著手，就是巨觀歷史與微觀歷史的比較，前者採取的是整體視角，對歷史現象從事概括性的比較，企圖從歷史流程中，掌握住脈絡及關鍵性的人、事、時，後者從局部的、個體的歷史現象進行比較，在乎的是具體的、特殊的變異。

（3）假設性歷史比較，以假設命題與歷史史實做比較，從中找出不符命題的歷史事實。

（4）對照項歷史比較，在設定的項目下（如：事件、災變、人物、目的、特殊、最項等），做一般比較和特殊比較。

8-3.2　自我歷史的比較

　　自我歷史的比較，屬於縱向歷史比較，可以採取宏觀或微觀的歷史視角來觀察，也可以用對照項來比較。歷史比較可以比較哪些呢？神話比較、法律傳統比較、城市文化比較、東西方的革命、宗教比較、移民史比較、歷史人物比較、制度比較、思想比較、文學比較等等，這些是大範疇的比較。漢唐明宦官、宋元明的馬政、明清海禁政策、明清內閣、荷鄭田土開發、日治及國治時期的國語政策、台灣民變等等，是較專題式的比較。總之，凡是在歷史前後的流程裡，有著相類似的歷史現象者，應該都可以是歷史比較的選項。

　　例如：以「東晉王朝的建立與國民黨政府的遷台」來做比較，我們可從政體的建立上，觀看到外來政權的類似政治作為，東晉士族南遷與大陸籍新移民的遷台，在社會文化上的表現，兩個比較項都是南遷富庶之地、延續舊朝國祚，都有重光故土的軍事行動，外來的少數族群在新住地都是強勢族群，於是「土斷」、「本土化」成為歸趨。

　　例如：「漢武帝的獨尊儒術、朱元璋的反智論與毛澤東的文化
大革命」也可做一歷史比較，從動機、目的、手段、結果及影響等
面向來觀照歷史的異同，專制政權的鞏固是他們共同的目的，所謂
儒學的尊崇或文化革命都只是手段與藉口，然而儒家卻也因此在中
國社會成為文化主流（或被摧殘）。

　　例如：我們也可就單一項目作歷史比較的探討，「何以商鞅變
法後，中國歷史上的變法都是以失敗收場？」把不同階段的改革（變
法）之產生因素、改革者的特質與政治位階、改革的內容與方向、
反對（保守的、既得利益的）勢力的存在、失敗的歸結等比較項加
以歸納分析，從而尋找改革（變法）與革命（建立新王朝）的分界
所在。

8-3.3　世界歷史的比較

　　世界歷史的比較，屬於橫向歷史比較，跳脫自我歷史的框架，
可以針對歷史發展的特殊選項，比較不同國家或地區，在這一選項
下的歷史發展同異性。譬如，比較曾是殖民地的國家或地區在戰後
的經濟成長，殖民母國的同異及其施政方式的不同，將會影響到被
殖民者的歷史走向？亞洲新興國家顯然是很好的對照選項，南韓與
台灣都曾在日本統治下長達五十年，戰後分裂國家的軍事對峙也有
相彷之處，美國的資本介入與政治影響也是重要因素，比較南韓與
台灣傑出的經濟表現，可從兩國的歷史發展中去觀察，也要從美日
兩國的介入因素去觀察。類似的，香港與新加坡這兩個彈丸之地，
在戰後的經濟繁榮，也不容小覷，其歷史比較與台韓兩國之比較彷

佛有著異曲同工之妙，受到馬克斯韋伯《中國之宗教》的影響，許多學者從儒家思想、倫理、秩序、科層等面向為軸線，去比較歷史[14]。

　　馬克思在《政治經濟學批判》中，對亞細亞、古希臘羅馬和日爾曼的三大類型公社所有制形態做歷史比較，他以勞動生產方式的差異為源頭做比較，推演出此差異是導致土地財產關係、奴役形式的歷史走向產生差異原因；他研究國家職能及其形態差異的原因決定於生產力，因為生產力「決定了」（能改變）生產關係、經濟基礎「決定了」（能改變）上層建築。

　　社會學理論的套用，也常見於歷史比較，「依賴理論」從拉丁美洲國家為出發點，邊陲與核心的依賴與供需關係，是否也可一視同仁套用到其他國家？台灣是美國的經濟邊陲？日本的市場邊陲？中國的文化邊陲？或者反過來說，台灣是核心，但是有什樣的歷史事實可以去支撐這樣的歷史比較？

　　世界歷史的比較顯然是巨觀歷史的比較，比較的終極目的也以尋找不同歷史發展的共同歸趨、源起為要義，當然，歷史源頭產生異變，導致分向發展的差異因素，也是極為重要的研究。從寬廣的視野裡，回視自我歷史本體的發展，更能理解歷史深層的意義。

---

[14] 余英時《中國近世宗教倫理與商人精神》（台北：聯經，1987.，頁27。）就不否認自己提出的是一個「韋伯式的問題」，肯定韋伯對「新教倫理」與西方發展的關係，所做的不同凡響的解讀，某種意義上，啟發歷史學家對世界社會發展史做重新審訂。

第九章

歷史的型模：歷史光譜的解析

9-1　尋找歷史本體的生命意義

　　歷史學作為一門社會科學，研究由人所組成的現在之前的社會，自然地研究歷史的人，會將一己的經驗與感知投射到歷史本體上，藉由歷史敘述與歷史解釋，來闡明歷史發展的軌跡及其意義，難免把自身的意識、思想連帶表現出來。因此，歷史本體經由不同的研究者，重構後表現出來的歷史，雖與歷史本體有著距離，卻也因而重新獲得延續的生命。

　　歷史工作者研究歷史，當然是要在史料整飭後，以實事求是的精神，還歷史本體的原貌，然而這樣的過程，如果不能從整個歷史脈絡中，尋求歷史的時代意義及其價值，如果不能以批判探究的精神進行歷史敘事與歷史解釋，進而有助於瞭解現況與預測未來，那麼歷史研究的意義為何？

9-1.1　歷史解釋的伸展

　　在上一章中，我們已談到：史家在處理歷史材料時，總是要面對史料的不完整性的問題，因為史料的全然呈現是個遙不可及的理想境界，所以，建立通則是歷史解釋的歸趨。套用社會科學的理論，可以讓我們從不同的場域得到不同層次的歷史解釋，從歷史本體的

延續過程中，尋找到歷史通則、歷史型模，使我們在研究不同階段、層面、區域、群體的歷史時，有著更深層的認知與收穫。

　　然而，通則是什麼？簡單的說，在歷史的流變過程中，去尋得具有不變動性的、恆常的、因果關係的社會經驗，具有對比的、相似的、共通的、特異的特質事件發展，從歷史敘述中離析出來，作為歷史解釋的張本。通則在歷史解釋中有什麼用呢？就如同科學所追求的定律、法則一般，對歷史的敘述能有更合理、完整的解釋，甚至，企求對史料欠缺的史事有圓全的解釋，乃至能推估歷史的後續發展將會如何。然而由於「人」的可變因素，與「物」的定性特質無法等量齊觀，通則在歷史解釋中的作用，是否能如同自然科學一般？長期來，在學界裡仍是爭論不休的課題。

　　關於歷史解釋通則之建立的理論，要到十九世紀後半葉才開始，因康德（Kant）與黑格爾（Hegel）的哲學受到矚目和重視，狄爾泰（Wilhelm Dilthey）、里克特（Heinrich Rickert）、溫德班（Wilhelm Windelband）等哲學家開始較深入地探討歷史與科學的問題，他們認為知識分為兩個範疇：一是以外在、物理的世界作為研究對象的自然科學（natural sciences），二是以人類內在的心靈為研究對象的人文學（human studies），這兩個領域應有不同的研究方法，屬於人文學的歷史解釋之邏輯結構，應該不同於自然現象的解釋形態。他們明確地區分人文學與自然科學之方法與評價間的差異，試圖在當時泛科學意識的環境裏，爭取歷史知識的自主地位，認為：歷史學所提出的通則無法具備預測的能力，不能等同於自然學科的普遍法則，歷史學家的興趣，不在於事件自身的重複，而在分析歷史事件的獨特性。[1]

---

[1]　參見黃進興《歷史主義與歷史理論》，臺北：允晨，1992.3.，頁135-137。

　　1942 年，韓培爾（Carl G. Hampel）發表〈史學中的通則功能〉
（The Function General Laws in History）的論文，這篇被視為西方分
析史學的獨立宣言，使歷史學界對歷史的通則問題開始有完整的、
具體的理論。

　　韓培爾的基本論點是：

> 科學解釋和歷史解釋在方法論的結構上並無不同，不僅在理
> 論上不存有歧異，而且在實際研究也應該是一致的。他認為
> 通則（general laws）於歷史解釋裏，一如科學解釋是不可缺
> 少的前提。通則在自然科學中具有連接類型事件、作為解釋
> 和預測的功能。解釋除非具有預測的功能，否則不能稱為『完
> 全解釋』（complete explantion）。[2]

　　儘管歷史通則的論說，還是有著不歇的爭論，然而歷史通則作
為歷史解釋的延伸，已是普遍的認知。

9-1.2　經驗法則的合理推展

　　歷史家從事歷史解釋的初始步驟，有賴個人的學識涵養與思
想，以經驗法則來看待歷史本體，一些普遍性命題就常被運用於歷
史敘述中，如：絕對的權力絕對的腐化、改革與保守的相對勢力、
革命與反動的拉鋸、經濟發展的變動與文化發展的特色連結、專制
體制下的安定格局、落後貧窮與動亂殺戮的共伴效應。然而，這樣
只能是經驗法則的初步推展。

　　韓培爾的歷史通則主張雖然受到柏林[3]等學者的反駁，現代史家
雖也對從黑格爾、馬克思至湯恩比以來的「歷史定論主義」式的通

---

[2]　黃進興《歷史主義與歷史理論》，臺北：允晨，1992.3.，頁 138。
[3]　柏林（Isaiah Berlin）認為：科學注重的是「同」（similarity）與「普遍性」

則有所排斥，卻又對社會學科的理論有所鍾愛，如此，歷史通則的建立如不在大範圍，大時空之下設定，顯然就能為研究者所接納與運用。

　　學者黃俊傑認為歷史通則的建立應注意三大問題：[4]

1. 統計取樣的謬誤：以不足的資料作為建立歷史通則的依據，極可能得到反向的的結論。例如：2004 年台灣的總統選舉，選前陳呂與連宋在各家民意調查的數字分別是：台灣智庫 40.4%-39.5%、世新大學 27.3%-27.1%、民進黨 37.6%-36.1%、國民黨 29.8%-34.8%，前兩者的比值在 1 個百分點內，國民黨恰好相反是由連宋多出 5 個百分點，遂在選舉的記者會宣告可贏 70 萬票，TVBS 在大選當天舉行的出口民調，則認為連宋多出 7 個百分點。[5]中天、台視、中視、華視、GTV、TVBS、年代、東森等電視媒體根據國民黨自身的民意調查，判定連戰超前，因此在開票的新聞播報過程中，摒棄媒體良心、社會正義，收視人的權益、只有黨派利益，完全無視實際開票進度，在票數上逕自灌水，塑造連宋全勝的假象，甚至幾達百萬票（三立無灌票的現象，陳呂一直領先的只有民視），選舉結果：陳呂 6471970 票（50.11%）、連宋 6442452 票（49.89%）[6]，連戰反而輸給陳水扁 29518 票（0.22856%），媒體盲目信賴民意調查，導致選舉爭議與社會的動盪。

　（universal），歷史學注重的是「異」（dissimilarity）與「特殊性」（particularity），歷史學家需要的研究是聯結而不是解散，要能看出部份與整體的關係。

4　這三大問題的標題項，取自黃俊傑《歷史知識與歷史思考》，臺北：臺大出版中心，2003,12.，頁 101-102。

5　資料來源：維基百科 http://zh.wikipedia.org/wiki/。

6　總統選舉得票數，依據中央選舉委員會網站資料。

2. 孤證的謬誤：以單一或少數案例作為探究問題的基準，是歷史研究的大忌，卻也常是人文學科易犯的錯誤，例如：郭廷以《台灣史事概說》[7]引《尚書》及沈瑩《臨海水土志》為例，認為夷洲就是台灣，斷定三國時代（三世紀）孫權時，是中國經營台灣的開始，又引唐朝施肩吾（九世紀）的詩「島夷行」，牽引台灣與中國之歷史關係。

3. 統計上印象主義的謬誤：對於可有精確數據檢證的歷史事實，進行印象式的解釋與推論，也是極危險的歷史解釋。例如：施添福《清代在台漢人的祖籍分佈和原鄉生活方式》一書，認為：「明末清初時，泉州人『捨本逐末』的風氣很盛，他們靠海維生，過著以行賈、販洋、工匠、漁撈、養殖、曬鹽為主業的生活，自然選擇海濱地區居住。」[8]周婉窈《台灣歷史圖說》也附和其說，甚且舉例：挪威人移民酷寒的明尼蘇達州[9]，為其佐證，犯了「推理歷史」的嚴重錯誤。原因何在？他們竟然是以 1926年日人所作之《台灣漢民族鄉貫別調查》為依據，企圖推論清代的人口分布，甚且，只取模糊的數據印象做推論，忽略了統計數字下，多數與少數的比較值問題。

9-2 歷史軌跡的映照

回歸歷史，以有限史料重構歷史本體的歷史敘述，自然無法重現圓全的歷史本體，儘管許多史學大師仍堅持史料學派的傳統立

---

[7] 郭廷以《台灣史事概說》，台北：正中，1975，頁 1-6。

[8] 施添福《清代在台漢人的祖籍分佈和原鄉生活方式》，台北：師大地理系，1987，頁 180-181。

[9] 周婉窈《台灣歷史圖說》，台北：聯經，1997.10，頁 69-72。

場，認為歷史解釋足能補強遺漏，卻也難以力拒質疑與自省，其他
社會學科的興起，引動學科知識的理論與型模，無疑的更具有強力
的解釋張力，歷史學既然和社會學科與人文學科多有互相交涉之
處，如何能置身度外，社會科學理論的套用在歷史解釋，已成為不
可或缺的一環。

　　回顧西方近代史學的發展[10]，我們觀察到科學革命後的史學也
起了波瀾，乃至蔚成新史學運動，首開其風的是威科和赫德，接著
洪寶德、黑格爾、尼伯爾接續而成歷史主義（Historism）的巨流，
蘭克則集大成，隨後有布克哈特、狄爾泰，二十世紀起，搓爾契、
邁乃克、克羅齊、柯靈烏、韋伯等踵繼而行，直到戰後才衰微。

　　就在美國史學家羅賓遜的《新史學》提出後，比爾德與貝克對
以蘭克為首的科學史學展開了抨擊，他們標榜「歷史相對論」
（Historical Relativism），第一次大戰後，史賓格勒也在《西方的沒
落》中對歷史主義提出了質疑，表現出歷史相對主義的觀點，湯恩

---

[10]　近代西方史學發展過程中，重要學者的英文姓名如下：布瑞（J.B. Bury,
1861-1927）、威科（Giambattista Vico, 1668-1744）、赫德（Johann Gottfried
von Herder, 1744-1803）、洪寶德（Wilhelm von Humboldt , 1767-1835）、
黑格爾（George Wilhelm Friedrich Hegel, 1770-1831）、尼伯爾（Barthold Georg
Niebuhr, 1776-1831）、蘭克（Leopold von Ranke, 1795-1886）、布克哈特
（Jacob Burckhardt, 1818-1897）、狄爾泰（Wilhelm Dilthey, 1833-1911）、
搓爾契（Ernst Troeltsch, 1865-1923）、邁乃克（Friedrich Meinecke,
1862-1954）、克羅齊（Benedetto Croce, 1866-1952）、柯靈烏（R.G.Collingwood,
1889-1943）、卡耳（Edward Hallett Carr, 1892-1982）、韋伯（Max Weber,
1864-1920）、羅賓遜（J.H.Robinson, 1863-1963）、比爾德（Charles A.Beard,
1876-1948）、貝克（Carl L. Becker, 1873-1945）、史賓格勒（Oswald Spengler,
1880-1936）、湯恩比（A. J. Toynbee, 1889-1975）、費弗爾（Lucien Febvre,
1878-1956）、布洛克（Marc Bloch, 1886-1944）、布勞岱（Fernand Braudel,
1902-1985）、德希達（Jacques Derrida, 1930-2004）。

比也意圖反對西歐中心的傳統歷史觀念，並在《歷史研究》中運用
「後現代（Postmodern）」這一術語。[11]

　　另一方面，西方歷史學界也已再起變化，法國年鑑學派（Annales
School）取代了原來蘭克史學的統治地位，費弗爾、布洛克為起始
人，強調歷史研究的橫向與結構，二次大戰後布勞岱更加入歷史縱
向研究的要求，擴大歷史學的視野。

　　社會學、經濟學等社會科學的急速發展，對歷史學的影響至深
且鉅，歷史結構分析（historical structural analysis）是企圖在現代化
理論與行為論之外的比較研究法、而後現代理論的興起，使德希達
以解構理論（deconstruction）向史學基礎的「史料」提出嚴屬的、
毀滅性的批判，也就是對「文本」的表徵（語言與符號）的質疑。

9-2.1　歷史理論或型模

　　近代西方史學的發展如前所述，科學方法的使用影響了歷史學
的研究，許多思想家力圖運用自然科學的成果，以科學規律尋找歷
史發展的動力和法則，不僅能理解現時，進而能預測未來，對十九
世紀以前的西方歷史學家而言，求真和客觀成為他們治史的目標，
實證主義史學與歷史主義因而產生。

---

[11]　學者林正珍認為：「史學界常將這股受到蘭克影響，並主要由傅斯年帶動
的歷史研究方法，統稱為『史料學派』，事實上，除了蘭克、史料學派及
卡耳的《歷史論集》（What is History）之外，影響臺灣史學理論的另一較
不被廣泛談論，卻影響可能更為深遠的是 1924 年何炳松所翻譯美國史學家
羅賓遜的《新史學》（The New History, 1912，何炳松譯，上海商務，1924.7。）
這本小書，及隨之而來美國史學界比爾德及貝克『歷史相對論』（Historical
Relativism）的看法以及對社會科學的重視，特別是擴大了原本侷限在「政
治史」領域的研究。」林正珍〈臺灣五十年來「史學理論」的變遷與發展：一
九五○～二○○○〉，《漢學研究通訊》20：4（總 80 期）2001.11.，頁 12。

　　實證主義史學：受到實證主義哲學風潮的影響，十九世紀的歷史主流認為歷史研究的對象是客觀的，歷史學家需對之進行不帶主觀意識的研究，即所謂客觀主義的史學，英國史家布瑞甚至斷言：歷史是一門不折不扣的科學。[12]

　　歷史主義：德國史學家蘭克是派別的代表，主張在歷史研究中排除自我，排除一切理論和意識形態的影響，就能客觀地恢復歷史的本來面目，認為自然科學與歷史學差別在於前者是研究普遍定律，後者是研究個別事實，歷史學所關注的是獨特的、精神的、變化的領域，所以要用不同的研究方法。雖然，十九世紀又被稱之為歷史主義的時代，但是延續到二十世紀，仍有重量級的史學家：克羅齊、柯靈烏、卡爾[13]，他們當然也對歷史主義提出了相當大的修正。

　　歷史相對論：美國史家比爾德與貝克率先攻訐以蘭克為首的科學史學（歷史主義學派），強調歷史學的相對性，在價值判斷方面，比氏所提的「參照架構」與貝氏的「意見情境」均認為史家難免受制於自身所處的時代或個人的主觀視界，以致無法客觀地瞭解與評估史實。在史實方面，質疑史料的形成過程中，已參雜許多偶然的因素。[14]史賓格勒在《西方的沒落》一書中，更充分顯現出當時西

---

[12] 參見王晴佳《西方的歷史觀念》，台北：允晨，1998，頁 210-227。

[13] 克羅齊認為：一切歷史都是當代史、精神的歷史。只有現在生活中的興趣方能使人去研究過去的事實。克羅齊的意圖是通過這樣的論證將歷史與現實統一起來，以求解決如歷史的確鑿性和有用性問題、歷史科學性的問題等。
柯靈烏《歷史的理念》認為：一切歷史都是思想的歷史。自然科學家的任務是在尋求事件背後的原因和規律，歷史學家則在觀察過去的任何事件時，總會對事件的內外在加以描述，所謂內在就是事件背後的思想。
卡爾《歷史是什麼》認為：一邊是歷史不過是客觀事實的收集，事實重於解釋的論調；另一邊則是歷史是歷史家心靈的主觀產物，用解釋來建立並控制歷史事實的論調。所以歷史是什麼？歷史是歷史學家和事實之間不斷的交互作用的過程，現在和過去之間無終止的對話。

[14] 參見黃進興《歷史主義與歷史理論》，臺北：允晨，1992.3.，頁 161-191。

方文化的轉變。他的歷史相對主義觀點是：歷史是在敘述每一個文明獨立的發展歷程，所以要摒棄進步觀念的文化型態學，認為真理只存在思維領域當中，在無始無終的歷史流變進程裏，只有相對的、離不開主觀的事實。湯恩比在《歷史研究》中，認為「後現代時期」始自十九世紀的七十年代，西方文化開始深入影響其他地區，使非西方地區開始富強起來；認為歷史有著尋求未來方向的意義，因此他企圖經由自己的研究來拯救西方文明。[15]

年鑑學派：二次大戰是西方歷史研究的分水嶺，法國費弗爾、布洛克的年鑑學派終結了蘭克史學的一統地位，他們認為歷史研究應該結合地理學、歷史學、經濟學、社會學等，也就是橫向的、結構的研究，以展現一個時期內的社會全貌。學派中最出名的學者布勞代，更強調長時期歷史架構的研究，簡單的說，年鑑學派強調的是社會科學的、整體的歷史研究。[16]

9-2.2　社會科學理論

無可諱言，歷史學受到社會科學極大的衝擊，然而，在方法或方法論方面，歷史學是無法照抄的，反而是社會科學的新觀點、理論架構，對歷史研究有著最大的助益，尤其是在歷史解釋、史料欠缺的史事建構方面，當然，歷史研究者仍須審慎的去驅使，否則反受其害。

---

[15]　參見王晴佳《西方的歷史觀念》，台北：允晨，1998，頁 246-260，310-321。

[16]　年鑑學派之名源自《歷史、經濟和社會雜誌》（Annales d'histoire économique et sociale），由任教於法國史特拉斯堡大學（University of Strasbourg）的費弗爾、布洛克於 1929 年創辦，1946 年刊物改名為《年鑑‧經濟‧社會‧文化》（Annales. Economies, sociétés, civilisations），由布勞代主導（他的代表作為《菲利浦二世時代的地中海和地中海世界》），1999 年再改名為《年鑑‧歷史‧科學‧社會》（Annales. Histoire, Sciences Sociales）。

　　社會科學的急速發展，有著百家爭鳴的現象，各式理論不斷推陳出新，頗有令人眼花撩亂之感，即使如此，至今仍無一套被公認為可以放諸四海而皆準的理論體系，可供歷史研究者「放心套用」。

　　從巨觀社會學的觀點來看，有兩個重要理論：[17]

1. 結構功能理論（Structural Functionalism）：四十年代在美國興起，成為西方社會科學理論的主流。認為社會結構的組成部分，各自發揮其有機功能，社會成員由規範、價值和公共道德聯結在一起，形成社會共識，這一社會價值的聚合力在移動中保持著靜態的平衡，樂觀得認為所有的社會問題，都可以用社會均衡模式來解釋。

2. 衝突理論（Conflict Theory）：六十年代起，美國社會的內部矛盾日增，批判結構功能理論的衝突理論因而興起。認為社會的各個組成部分，都在追求各自的最大利益，無可避免的，導致社會的變遷；認為社會結構的衝突表現在競爭、結構內的不平等、革命等三個方面。

　　從社會變遷的角度來看，有兩個重要的現代化理論：[18]

---

[17] 結構功能理論的先行者是史賓塞（Herbert Spencer）與涂爾幹（Emile Durkheim），現代功能理論的代表是帕森斯（Talcott Parsons）與墨頓（Robert Merton）。衝突論大部分是依據馬克思（Karl Marx）的著作而來，最具影響力的是：達倫道夫（Ralf Dahrendorf）。參見尼爾史美舍（陳光中、秦文力、周愫嫻譯）《社會學》，台北：桂冠，1991.11.，頁 12-15。

[18] 佛蘭克（Andre Gunder Frank）是最早提出依賴理論的學者之一，認為已開發國家是都會型國家，而低開發國家則是依存於都會的衛星城市型國家，整個世界是由大都會中心（美國與歐洲）所操控；卡多索（Fernando Henrigue Cardoso）、華勒托（Enzo Falleto）將這理論引用到巴西的研究。世界體系理論的代表是華勒斯坦（Wallerstein）。參見尼爾史美舍（陳光中、秦文力、周愫嫻譯）《社會學》，台北：桂冠，1991.11.，頁 655-658。

1. 依賴理論（Dependency Theory）：強調先進的工業國家，在經濟上支配低開發程度的國家，減緩了後者的成長。在支配過程中產生剝削，使落後國家逐漸流失資源與資本的累積，導致富者越富、窮者越窮之兩極化現象。依賴理論常用於開發中國家依賴現象的解釋、低度發展困境的分析，分析的主要面向有：殖民依賴、財務及工業依賴、技術依賴、地緣政治依賴、文化依賴。

2. 世界體系理論（World-system Theory）：華勒斯坦指出：現代資本主義的世界經濟體系已存在五百年，是一個沒有疆界、沒有中央政治控制的帝國，當然也就無法對世界經濟的分配與衝突有宰制的力量。現代世界體系是一個勞動分工的體系，這一分工不是功能性的分工，是地理上的分工，可以分為核心地區、邊陲地區、半邊陲地區，呈現著多層結構的樣貌，在核心地區內有國與國之間的區別，在國家內部又有地區、城鄉、階層間的區別。核心與邊陲存在著的不平等的交換與支配、壟斷與自由競爭的關係，核心控制邊陲，範圍與深度都相當大（不只是經濟上有壟斷，還有政治、文化的深度影響），而核心與其他核心之間則存在著競爭關係，這也表現在他們對邊陲的重疊壟斷上。

十九世紀起至二十世紀初，影響社會學建立、發展至鉅的五大社會學家是：康德、史賓塞、馬克思、涂爾幹、韋伯，他們的思想與理論至今仍影響著社會科學的各個領域。戰後，社會學的學派、理論不斷推陳出新，除了上述四個理論外，我們至少還可列舉幾個較常為歷史領域學者引用的理論：現代化理論（是不同領域、不同學

者關於現代化研究的理論成果的統稱）[19]、後現代理論（認為社會經濟的發展不是直線的，批判現代化運動的哲學和實踐。）[20]、批判理論（沒有明確的範疇，通常是指各領域裡的新興理論，如：文學理論、文化研究、美學、理論社會學、社會理論、歐陸哲學等）、結構主義（常使用於語言、文化的社會分析，認為：一個文化意義的產生與再現，是透過作為表意系統的各式活動、實踐。）、解構理論（是法國哲學家德希達所創立的批評學派，認為解構閱讀是一種解開文本結構與形上本質間差異的文本分析方法。）、新馬克思主義（又稱當代馬克思主義，重新檢討並修正馬克思的古典理念，否定經濟優先及無產階級的觀點。）

9-2.3　理論的發現與張力

　　歷史學界對理論的建構並未如社會學、經濟學、政治學等學科熱絡，反而是在這些學科的影響下，與其他人文學科一齊隨著他們的波浪前進的居多，借用、套用他們的理論，甚或改變歷史寫作的方式：「削足適履」，寫起後設式的、社會學型式的歷史作品；這樣，雖也無可厚非，然而我們總還是主觀地期許，能看到歷史工作者自發的理論，問題是：歷史架構的理論該如何發現？如何建立？學者王爾敏認為基本上是與其他科學的理論建構是相同的，先有假設的程序，再於史料的蒐集與彙整後，將史事簡化與系統化，得出

---

[19]　什麼是現代化？美國社會學家丹尼爾‧勒納認為：「從傳統社會向現代社會的轉變就是現代化」，在此基點下的現代化理論，可以用來闡述工業革命以來人類文明的革命性變化，然而卻無法解釋發達工業國家 70 年代以來的發展。

[20]　發達工業國家進入後現代化階段，西方學者提出的新理論有：達倫道夫《後資本主義社會（1959）》、貝爾《後工業社會（1973）》、格裏芬《後現代主義（1997）》、克洛克《後現代化理論（1992）》、萊恩《知識社會（1966）》。

理論，這理論要能有四種效果：1.透視了解、2.知變、3.建立通則、4.鑑往知來。[21]

西方歷史理論（學說）的概況雖已如前所述，還是會讓人覺得混混沌沌，我們就舉幾個例子，看看這些大師們給了我們什麼樣的啟發吧！

1. 挑戰與回應

湯恩比對文明的發展有這麼樣的述說：

> 文明誕生的原因一定要在我們所謂的「挑戰及回應」的形式上去找，……認為文明的發生，是在人類生活條件特別優裕之下，這種觀念是錯誤的。……一個艱苦的環境。對文明不但無害，反而是有益的。……挑戰越大，刺激也就越大。[22]

湯恩比舉例：上尼羅河流域的巴爾亞爾加保（Bahr-aljabal）、墨西哥的瑪雅文明、古高棉王朝的安哥廢墟（Ruins of Angkor）、古代錫蘭的米尼瑞亞水槽，說明自然力與人類創造力的拉鋸戰。又以愛琴海文明為例，說明波埃俄頓（Boeotin）土地肥沃的農業停滯現象，相對的，惡地環境的亞蒂克，反而使雅典人發展出海洋經濟與創造出希臘文明

挑戰力與回應力這相對的條件，構成湯恩比理論的假設，如果酷寒（或熾熱）的地理條件，超過（或過低）了人類創造發明的生存能力，將使人們窮於應付自然環境所給予的苛刻挑戰，以致喪失創造文明的動力；一個苛刻的、適度的外在環境，所帶來的挑戰力，

21　參見王爾敏《史學方法》，台北：東華書局，1988.3，頁230-243。王爾敏認為中國史學研究中，能將史事簡化得出理論「最顯著的」是陳寅恪，在隋唐政治史的研究裏，提出「關中本位政策」的理論。
22　湯恩比(林綠譯)《歷史的研究》，台北：源成文化，1978.10，頁189-214。

尚不足以扼殺生機，那麼，人類回應力所顯現的將會是進步的文明，這也是為什麼世界四大文明有著類似生存環境的因素。果真如此？你被說服了嗎？

2. 歷史正反合

黑格爾的辯證法是通過正、反、合的三階段模式，先是有一個正題，然後出現（或異變）一個反題，最後正題和反題產生成一個合題，這一合題就是新的正題，如此，另一個正、反、合的辯證階段開啟，直到最高的形式，在辯證法裏，黑格爾的基礎概念是「矛盾」。[23]正與反有矛盾，所以有「衝突」，衝突（其過程可以是革命與戰爭、協調與和平）的結果就是合。

從黑格爾的正、反、合辯證法演譯而出，馬克思將正與反化為階級對立，解決矛盾的衝突是革命[24]，其結果為合，新一波的正反合重現，而這過程是經濟的支配、反支配的鬥爭，人類社會的層次因而往上推進，歷史的進展就是這樣的過程。同樣的，把階級替換到革命與反革命，就成了「不斷革命論」[25]，毛澤東再以不斷革命論為依循，於中華人民共和國成立（無產階級革命）後，推展反右、反左，乃至文化大革命，不正也是符合正反合的辯證邏輯？

---

[23] 參見鄔昆如《西洋哲學史話》，台北：三民書局，2004.1.，頁 512-513。

[24] 基本上，馬克思是從革命取向來論述階級衝突和鬥爭，並以「兩階級模式」來分析社會衝突和鬥爭，這兩個階級就是資本主義社會中的統治（壓迫）階級和被統治（被壓迫）階級。李英明《馬克思社會衝突論》，台北：時報文化，1990.8.，頁 150-160。

[25] 托洛斯基主張：「在無法確定的長時期內和經常的內部鬥爭中，一切社會關係都要經受改造，社會會在不斷地除舊換新，一個改造階段直接產生於另一個改造階段。」托洛斯基《不斷革命論》，台北：時報文化，1991.7.，頁 13。

3. 新教倫理

韋伯在《新教倫理與資本主義精神》一書，分析資本主義的文化起源，解答了何以只有西方文明才衍生出資本主義的問題。他認為：

> 那些處於上升時期的工業中產階級才體現了資本主義精神……是曼徹斯特和西法利亞的那些多在非常普通環境中靠個人奮鬥而發財致富的爆發戶。……個人道德所能採取的最高型式，應是對其履行世俗事物的義務……使世俗的活動有了宗教意義，並在此基礎上首次提出了職業的思想，這樣，職業思想便引出了所有新教教派的核心教理：上帝應許的唯一生存方式，不是要人們以苦修的禁慾主義超越世俗道德，而是要人完成個人在現世裏所處地位賦予他的責任和義務。[26]

韋伯尋找西方資本主義的歷史緣起，大膽假設「保守的激進因子」存在於歷史巨流中，於是從基督教世界裡尋找答案，企圖從宗教的文化、價值核心中找到答案，於是乎，基督教倫理被解構出來，直指信仰的基本信念：「贖罪」，這一堅固且保守的礎石，在宗教改革後，反而成為累積資本主義的原始驅力。韋伯將他的「新教倫理說」當作型模，陸續完成《中國的宗教》、《印度教與佛教》、《古猶太教》三本著作，認為儒家於東方社會類似基督教之於西方，而家族倫理支配了儒家社會的人我關係，其核心價值「孝」或「忠」，不就彷彿是基督教倫理「贖罪」的鏡射？如此解讀，儒家社會也可以有累積資本主義的原始驅力。在日本、南韓、台灣、香港、新加坡經濟逐步凌駕西方世界的這三十年，韋伯的理論更被信服，也成為許多學者探討亞洲五虎的經典理論。

---

[26] 韋伯（于曉譯）《新教倫理與資本主義精神》，台北：唐山，1991.5.，頁47、60。

4.地中海型模

　　布勞岱的成名作《菲利普二世時代的地中海和地中海世界》，一書分為三個部分，第一部分《環境的作用》，討論人與自然環境的關係，他將之命名為「幾乎靜止的歷史」；第二部分《集體的命運和總的趨勢》，分析 16 世紀地中海的社會和經濟結構，是社會史；第三部分《事件、政治和人》，回到傳統史學對歷史的理解；與他提出的時段理論（長、中、短三個時段，即地理時間、社會時間和個人時間）符合，聯結歷史、地理、政治、社會、經濟等科學之研究方法，完成他整體歷史（total history）的理念，並得出地中海區域的歷史，並未因新航路或土耳其勢力的崛起而衰落。[27]

> 我們現有的資料是否能夠測度地中海世界，並為其經濟建構一個能理解的計量「模式」？如果以地中海作為一個單元，便可以和其他相鄰或相關的「世界經濟」相比較。[28]

　　跳出地中海，條件類似的地方，還有哪裡？

　　從日本與亞洲四小龍在戰後經濟上的耀眼表現，答案已經浮現，隨著中國與東南亞國協努力翻身下（或者說是在核心國家宰制下，力圖擺脫邊陲國家的窘境），環東、南中國海的這些國家，彼此間的經貿關係，是不是與布勞岱書寫下的地中海世界有著異曲同工之妙，會心一笑之餘，驚惶、忌憚才是西方國家真正的心情吧！

---

[27] 參見布勞岱爾（唐家龍譯）《地中海史》（即《菲利普二世時代的地中海和地中海世界》），台北：台灣商務，2002.6.。

[28] 布勞岱（王芝芝譯）〈建構地中海的模式是否可能？〉，布洛克等《年鑑史學論文集》，台北：遠流，1989.10.，頁 86。

第十章

史籍一二三：歷史的閱讀

10-1　閱讀歷史，歷史閱讀

閱讀的歷程可以包括：簡易的圈點、勾劃、刪校，進而：在書頁空白處書寫的眉批、針對某段（章節）文字評述的夾評、在正文文字旁加上註解的旁注、針對整體架構的綜合評論，最後，從文本的脈絡作一番洗滌與思慮，提出閱讀的理解、解釋或批判。

在第八章〈歷史的解讀〉中，我們已初步地談到：讀歷史的方法、歷史閱讀的樂趣、歷史閱讀的思與言，乃至史書的解讀；進一步，如何打開歷史的門窗？如何在繽紛雜亂的書籍裏，理出一條歷史閱讀的路徑？循著閱讀的路標，進入門庭，開取歷史知識的寶藏；在史書的瀏覽過程中，享受欣賞佳構的閱讀喜悅，從歷史比較中增進智慧，從讀史札記的評論中，建立獨自的思想體系。

10-1.1　閱讀歷史的修竹曲徑

如何打開歷史的門窗？如何在繽紛雜亂的書籍裏，理出一條歷史閱讀的路徑？循著閱讀的路標，進入門庭，開取歷史知識的寶藏；對一個歷史門外漢而言，如何避免人云亦云，如何快速進入歷史豐饒的原野，想是一個令人困擾的問題。首先，我們要自問：我喜歡（傾向）哪一方面的歷史？是台灣史？中國史？還是西洋史？是偏重文化、經濟，還是政治方面？這就是歷史分類的認識問題；

其次，在分類中設想好區塊，撿選通論性的書籍作為敲門磚，如此就能對某一時空的歷史，有著概括性的了解；然後，你自然知道該看什麼！

1. 鎖定閱讀範圍

尋找歷史閱讀的修竹曲徑，還是要從通論性的書籍（文論）開始，先觀看歷史的通渠大道兩旁有些什麼「店舖」，依個人的興趣，選取合你意向的時空區塊逛逛，瀏覽完畢，應能有某些歷史上的事件、人物、社會變化、經濟現象、政治發展、思想潮流、藝文表現等，引起你的注意，如果沒有，就再換家店舖吧！如有，鎖定閱讀範圍，看看有無這一範圍內的相關或專門的書籍，然後以愉悅的心情展開歷史之旅。

我們假設你想要進入台灣歷史的領域，那麼挑選一本通論性的《台灣史》是第一步，從眾多的書裏，找一本專家學者（作者簡介可供憑斷）的書，就以李筱峰與林呈蓉合編的《台灣史》[1]為入門書吧！從史前文化、荷蘭統治的大航海時代、鄭氏的東寧王國、中華帝國的清治時期、日本帝國統治、蔣氏的國民黨統治到民主時代，瀏覽過後，日本帝國主義下的台灣這一區塊，引起你的注意，「台灣人的抗爭與要求」這一部分更讓你感到興趣，仔細閱讀後，從台灣議會運動到台灣民眾黨的社會運動史，如此陌生，又想一探究竟，鎖定它，作為閱讀範圍，你終於找到歷史的主脈：台灣文化協會。

2. 運用書目與註解

在第七章〈歷史的田野〉中，我們探討過史料的初步搜集，其中閱讀搜索的方法，正是我們深入閱讀的路徑，從通論性書籍裏，

---

[1]　李筱峰、林呈蓉《台灣史》，台北：華立圖書，1992.10.。

閱讀已被你鎖定的章節，抄下重要的名詞作為追索下一步閱讀的藥方，或者從參考書目中，點選作者臚列出來的專書與論文書單。我們再以前述李筱峰的教科書為例，圈點出：《台灣社會運動史》、葉榮鐘《台灣民族運動史》、周婉窈《日據時代的台灣議會設置請願運動》、簡炯仁《台灣民眾黨》、盧修一《日據時代台灣共產黨史》、黃煌雄《革命家蔣渭水》等書，這些就是我們進一步研讀日治時期社會運動史的基本書目了！奇怪，怎麼沒有台灣文化協會的書？經由網路搜尋，找到林柏維《台灣文化協會滄桑》，也加入書單吧！

　　閱讀過程，如果還想追根究底，專書裏的引文、註解會是不錯的南針，將被提及的書名（篇名）抄錄下來，繼續追蹤搜尋、閱讀，一路追尋下去，你已是專家了。

　　我們以《台灣文化協會滄桑》[2]第四章文化協會之活動、第六節文化劇運動為例，來看論文註解的追蹤：

> 　　早在一九二三年文化協會於台南召開總會時，即已決議開設新事業，其中已有「為改弊習，涵養高尚趣味起見，時開活動寫真會、音樂會及文化演劇會」[87]的項目，到了一九二五年總會更把「組織活動寫真隊（即電影隊）及文化劇團」列為主要事業之一，以從事於台灣的戲劇改良，並開拓文化運動的新領域。
>
> 　　所謂文化劇（或稱文化戲）是同屬於一九二三年以後與台灣原有之舊戲劇對立之新劇的一種，由於所演劇情「大都含有諷刺社會制度或激發民族意識的作用，各地文協會員所排演

---

[2]　林柏維《台灣文化協會滄桑》，台北：台原，1993.6。

的大概屬於此一類（按：另一類是純以藝術為目的者），因
為是文化協會的人主辦的，所以就叫做『文化戲』。」[88] 此
新劇運動的興起，除了欲改革舊戲--即京戲、四平、亂彈、
九甲、傀儡劇（皆用北京話）、布袋戲（台灣話）——之外，
應是受到中國如火如荼的文明戲運動及日本明治開化時期政
治劇之新演劇的影響。於是從一九一一年開始台灣便有了新
劇的活動，[89]文化協會為針對此種新興之風潮，也開始推動，
並大量應用中國之劇本，從事於文化、政治的啟蒙戲劇之推
廣和改良。

[87] 〈台灣文化協會會報〉，《台灣民報》，卷二號四，大正十三年三月十一
日，頁一五。
[88] 葉榮鐘《台灣民族運動史》，頁三一七。按：「文化劇」名稱之由來，葉
榮鐘所言似為真，但文化劇團的成立及演出，皆晚於文化協會會報所載「文
化演劇會」（前註八五）此一名稱之出現，故此一名稱也有可能是文化協
會本身自下之名稱。
[89] 參見呂訴上《台灣電影戲劇史》，台北：銀華出版部，民國五十年九月，
頁二九三。

　　註解 87 是作者交代引號內的文字出處，也就是歷史寫作的史料
來源，從文下的注解裏，說明引自《台灣民報》，類似地，註解 88
是引自葉榮鐘的《台灣民族運動史》，註解 89 前並無引號，意思
是前面的一段話參考呂訴上的《台灣電影戲劇史》，沒有抄錄原文。

10-1.2　歷史閱讀的喜悅

　　歷史文章從史料來，史料有它繁雜、無序、瑣碎、枯燥、難識
的一面，也有生動、活潑、典雅、感人的另一面，這裡我們不擬列
舉長串的歷史經典作品，也不想介紹當代的「偉大歷史家」的歷史
論述，這些，你可以經由前一小節的歷史「地圖標籤」中，學習著
發現各領域的專家們是哪些，有哪些佳構可以引你進入歷史長廊。

這裡，我們直接把歷史家使用的史料拿出來，進行歷史閱讀，就從台灣的早期社會出發：平埔族的消失與台灣早期的社會。

1.貓霧捒族的輓歌

　　台灣最早的住民，何時存在及其歷史文化如何？這一歷史上的住民與現今的住民有何關聯？我們很難在既存的史料裏找到答案，我們可以碰觸到的是：歷史上的平埔原住民，他們與漢族、高山原住民間的社會關係如何？這一台灣早期歷史研究的課題，在我們深入了解時，不僅是史料的極度缺乏和碎裂，可供研究的文書，絕少有原住民自身的紀錄，以致我們只能看到以「漢族書寫」角度，所產生的歷史材料。

　　三四百年來，台灣西部平野上，番、漢混雜的結果，形成現在的福佬、客家、大陸三大族群，實則福中有客，客中有福，大陸人中有福客番的現象；然而平埔呢？他們的印記似乎已全然消失了，實際上，平埔族並未完全消失，消失的是他們的語言、文化，在漢族強勢文化的威力下，平埔族的後代逐漸地向漢族認同傾斜，變身為「漢族」，這也使得優勢的少數漢族，因平埔族的質變而量變成絕對優勢的多數漢族，這是我們在碰觸「番漢問題」時，必須深思的歷史課題。

　　由宋文薰、劉枝萬採集的〈貓霧捒社番曲〉[3]，是他們在 1948 年向南投縣埔里鎮大肚城的壽阿火取得，這位貓霧捒社番社長的後代，經由他記憶不確定的解說，重新以羅馬拼音的方式，標注在台語漢字的番曲下，並用現代中文翻譯紀錄下來。這裡我抄錄番曲的

---

[3]　宋文薰、劉枝萬〈貓霧捒社番曲〉，《文獻專刊》3：1，台灣省文獻委員會，1952.5.，頁 1-20。壽阿火，1890 年生，紀錄時，是大肚城唯一番曲傳承者，卻也已不能完全懂貓霧捒族的語言。

第一句紀錄文和該曲的第一段（共六段）中文譯文，請你來閱讀這消失的貓霧揀社心聲。

阿老南 乜 蓁 路蜗　吧 世毛 老罵 于一
a- lo na- mi　mo lo la　pa- si mo lo ma- i- I
（年輕人出來，喂！無論年老或年輕通通來。）

〈貓霧揀社番曲〉
年輕人出來，喂！無論年老或年輕通通來！
來！大家一齊唱，集合我們的力量；
不要遺忘這些歌，年老人這樣教誨；
不要遺忘這些話，年老人這樣吩咐；
再三再四嘮叨，怎麼還不記牢。

不要變成漢人，我們的語言該痛惜；
年老人和年長者都這樣吩咐；
正如米糠給篩子篩出，縷縷不斷有訓言；
年長人來合唱，向「阿婆英」學習唱；
沒有年少人，事不成。

不傳教少年人，到底誰要唱？
像你們躲避不出來，要誰唱？
今天大家樂，我們過年節；
舉行祭典，熙熙攘攘熱鬧一番；
這是難得的佳節。

你們操什麼番語？這是什麼鬼話！
你們忘掉番語，哪裡配得上是番人；

　　你們真笨拙，不會唱唱歌；

　　不知自家話語還在吹牛皮，宛然像個漢人；

　　要警惕，不要變成漢人。

　　凡善唱歌者來唱歌，大家手拉手。

　　怨嘆的語氣一再流露：你們躲避不出來，要誰唱？沒有年少人，事不成。忘掉番語，哪裡配得上是番人；不要變成漢人，我們的語言該痛惜；再三再四嘮叨，怎麼還不記牢。

　　這首歌當然沒人會唱了！歌詞忠於原意地翻譯出來，有點不順暢，是因為有好幾句屬於倒裝句的原因，你注意到了嗎？二十一行文字裏，訴說著母語流失的現實與悲哀，我們以每五行為一小段來看，第一段藉由年老人的叮嚀，要年輕輩不要忘記自己的歌，因為連歌都不會唱時，就是不會使用自己語言的末日。第二小段再度警示：「不要變成漢人」，我們的語言（民族）應該像從篩子篩過的米糠一樣，綿延不絕。第三小段抱怨年輕一代都不出來唱歌跳舞了，答案在哪裡呢？不是阿婆英沒有魅力，而是年輕代只能生澀地使用母語，所以裹足不前啊！第四小段語氣突然轉為震怒，痛斥年輕一代使用的漢語是「鬼話」，痛責已被同化了的年輕人，不會母語、不會唱歌，這麼笨的人不配當有尊嚴的「番人」。

　　十五年前，我到屏東三地門原住民文化園區，觀賞他們的歌舞，特地走到五十歲以上的歌唱者們身後，看到分屬魯凱、排灣的她們手上拿的歌譜是用日語字母拼寫的，年輕的少年們則不用歌本，高聲地唱著翻譯成北京語的歌曲，這樣情況，不就是〈貓霧揀社番曲〉所說的情境嗎！

2. 裨海紀遊的台北景象

　　放開歷史的視野，台灣歷史從原住民社會進向番漢混雜的漢族墾拓社會，當時台灣的情形如何？我們試從《裨海紀遊》[4]的閱讀，來看看非移民的大陸人，如何描述台灣早期的社會。1700（康熙三十九）年出刊的《裨海紀遊》，是郁永河到台灣採硫的日記，被認為是目前所存最早的一部台灣遊記，經由他的紀錄，我們可以觀察到十七世紀末葉（距離 1684 年台灣納入中國版圖，才十四年）台灣的社會現象、地理風貌、海陸交通情形。這裡我剪裁他在 1697年四月（農曆）到達台北後的紀錄片段，與他一齊探險老台北。

> 二十七日，自南崁越小嶺，在海岸間行，巨浪捲雪拍轅下，衣袂為濕。至八里分社，有江水為阻，即淡水也。深山溪澗，皆由此出。水廣五六里，港口中流有雞心礁，海舶畏之；潮汐去來，淺深莫定。余停車欲渡，有飛蟲億萬，如急雨驟至，衣不能蔽，遍體悉損。視沙間一舟，獨木鏤成，可容兩人對坐，各操一楫以渡，名曰蟒葛，蓋番舟也。既渡，有淡水社長張大，罄折沙際迎，遂留止其家。……

> 初二日，余與顧君暨僕役平頭共乘海舶，由淡水港入。前望兩山夾峙處，曰甘答門，水道甚隘，入門，水忽廣，瀦為大湖，渺無涯涘。行十許里，有茅廬凡二十間，皆依山面湖，在茂草中，張大為余築也。……張大云：『此地高山四繞，

---

[4]　郁永河《裨海紀遊》，臺灣文獻叢刊 44，臺灣銀行經濟研究室，頁 22-25。郁永河，字滄浪，浙江仁和諸生。好遠游，意興甚豪，遍歷閩粵，康熙丁丑，以采礦來臺，著《裨海紀遊》一書，多撿拾臺中逸事；所賦詩，亦有可傳者。（高拱乾《台灣府志》，臺灣文獻叢刊 65，臺灣銀行經濟研究室，頁 493。）

周廣百餘里，中為平原，惟一溪流水，麻少翁等三社，緣溪而居。甲戌（1694）四月，地動不休，番人怖恐，相率徙去，俄陷為巨浸，距今不三年耳』。指淺處猶有竹樹梢出水面，三社舊址可識。滄桑之變，信有之乎？既坐定，聞飛湍倒峽聲，有崩崖轉石之勢；意必有千尋瀑流，近在左右，晝夜轟耳不輟；覓之累日，不可得見。……

又數日，各社土官悉至；曰八里分、麻少翁、內北頭、外北頭、雞洲山、大洞山、小雞籠、大雞籠、金包里、南港、瓦烈、擺折、里末、武溜灣、雷里、荖厘、繡朗、巴琅泵（音畔）、奇武卒、答答攸、里族、房仔嶼、麻里折口等二十三社，皆淡水總社統之，其土官有正副頭目之分。飲以薄酒，食以糖丸，又各給布丈餘，皆忻然去。復給布眾番易土，凡布七尺，易土一筐，衡之可得二百七八十觔。明日，眾番男婦相繼以莽葛載土至，土黃黑不一，色質沉重，有光芒，以指撚之，颯颯有聲者佳，反是則劣。……余問番人硫土所產，指茅廬後山麓間。明日拉顧君偕往，坐莽葛中，命二番兒操楫。緣溪入，溪盡為內北（投）社，呼社人為導。轉東行半里，入茅棘中，勁茅高丈餘，兩手排之，側體而入，炎日薄茅上，暑氣蒸鬱，覺悶甚。草下一徑，逶迤僅容蛇伏。顧君濟勝有具，與導人行，輒前；余與從者後，五步之內，已各不相見，慮或相失，各聽呼應聲為近遠。約行二三里，渡兩小溪，皆而涉。復入深林中，林木蓊翳，大小不可辨名；老藤纏結其上，若蛟龍環繞，風過葉落，有大如掌者。又有巨木裂土而出，兩葉始櫱，已大十圍，導人謂楠也。

在郁永河《裨海紀遊》的觀察下，臺灣當時的面貌大部分（彰化以北）還在原始的狀態，人跡罕至。那麼我們從上面這篇文字中，可以把梳出什麼特殊的現象呢？首先映入眼簾的是「飛蟲億萬，如急雨驟至」，這飛蟲是什麼東西？令人疑惑與好奇，郁永和的到達，讓北台灣的番社頭目都來報到，顯示了他所代表的官方身分與地位，我們好奇的是，這二十三社的原住民是什麼人？都是凱達格蘭族嗎？他們的居所約略等同於今天的哪裡？麻少翁社應是在今天的社子島一帶，答答攸社有可能是今天基隆河北岸內湖區的北勢湖地方，繡朗（秀朗）社為雷朗四社的大社，本社是在今天永和與中和舊地名「秀朗」的地方，除此，其他各社呢？

當然，我們也要來「猜猜」郁永河所描述的台北樣貌，他說：「前望兩山（大屯山、觀音山）夾峙處，曰甘答門（今天的關渡），水道甚隘」應無疑義，然而接下來他說：「入門，水忽廣，溢為大湖，渺無涯涘。」就讓人充滿了想像，有學者（尤其是地理學者[5]）直指：這是康熙時期台北湖（今天的台北盆地沉陷為湖）的證據，會這樣說也不是沒有道理，因為郁永河引述了淡水社長張大的說辭：「此地高山四繞，周廣百餘里，中為平原，惟一溪流水，麻少翁等三社，緣溪而居。甲戌（1694）四月，地動不休，番人怖恐，相率徙去，俄陷為巨浸，距今不三年耳」許多歷史學者也一直延用這樣的說法，最近，有學者翁佳音則持反對的看法，主張以台語來讀「大湖」，意思應該是「大澳」的意思，並且認為「郁永河所描述的地震而引起一片土地突然之間陷入水中，應該是指社子島這一附近的地帶。」[6]

---

[5] 林朝棨〈土地志・地理篇〉，《臺灣省通志稿》，臺北：臺灣省文獻會，1957，頁314。陳正祥《臺灣地誌》，臺北：南天，1993，頁1013-1014。
[6] 翁佳音著《大臺北古地圖考釋》，第二章基隆河流域，台北縣文化中心，

郁永河在台北盆地真正深入的地方，只有今天的北投，他看到的是：「入深林中，林木翁翳，大小不可辨名；又有巨木裂土而出」的翠綠森林景象，這在今天來看，非得發揮想像力不可了！

10-2　歷史文本的樣張

經典史籍的閱讀，是進入歷史領域後的必然作業，經由經典，得能熟悉歷史寫作的體例、方法，直接明瞭史事、分享史家的歷史世界，進而得到啟發思想。

顧名思義，經典之作是被公認的佳構，能夠傳諸後世而不歇，自然有它存在與被閱讀的理由；當然，資訊充裕的年代，我們有太多被期許吸收多面知識的要求與負擔，窮畢生精力實也難能遍讀經典，但是，如果你真想在進入歷史長廊的某一驛站徜徉、悠游，那一時空的歷史經典，就非得不讀不可了，或是，你要成為更專業的歷史寫作者，熟讀乃至不時瀏覽經典，更是責無旁貸，譬如，研究中國上古史的人，一定要讀通《史記》，研究中國中古史的人，不能不讀《資治通鑑》，研究台灣史的人，一定要讀《台灣文化誌》，研究西洋史，當然不能遺漏《羅馬帝國衰亡史》。

10-2.1　風簷展書讀

以愉悅的心情閱讀經典史籍，才不會被「生澀難懂」的古體文驚嚇到，親近它、接受它，慢慢地，就會了解它，終能體會風簷展書讀的意境。愈是年代久遠的書籍，它使用的書寫文體，自然與我們會有距離，閱讀時，多一些耐心、稍加琢磨語意，也無須像讀國文課本那樣逐字譯註，那反而妨礙了閱讀的興致！多一些歷史想像

1998 年。

的空間，站在歷史家的角度，隨著文字流轉，境由心生，歷史的世界自然就會攤開在你的心扉。在這裡，只隨意地擇取兩篇歷史文章，作為踏腳石。

1.司馬遷的歷史化身：屈原

司馬遷的《史記》共 130 篇，分成本紀、世家、列傳、書、表五個部分，從軒轅、唐、虞的傳說時代，到夏、商、周、秦，迄漢武帝，記事廣泛，從歷史書寫的範疇與視野來看，是漢朝當時的世界通史，此書的經典地位，一如司馬遷所自許的「究天人之際，通古今之變，成一家之言」。

論及司馬遷，他的生平際遇一定會被提及，也一直是後世史家自我期許的標竿，就如他在〈報任安書〉中所寫的：「人固有一死，或重於泰山，或輕於鴻毛，用之所趨異也。」歷史家的志業，不為高壓政治所威迫，司馬遷在歷史書寫的實踐過程裏，讓我們清楚的看到他所景仰的人物，在他的歷史巨構裏若隱若現：文王拘而演《周易》、仲尼厄而作《春秋》、屈原逐乃賦《離騷》、左丘失明遂有《國語》、孫臏刖腳修《兵法》、不韋遷蜀傳《呂覽》、韓非囚秦成《說難》，典型在夙昔，前賢的生平遭遇，似乎也與司馬遷遭受宮刑、忍辱完成《史記》的過程，有著共振現象。

這裡我挑選〈屈原賈生列傳〉[7]關於屈原的部分，並刪去部分文字，來看司馬遷寫屈原的憂憤之情，是否也正是他自身的歷史投射。

> 屈原者，名平，楚之同姓也。為楚懷王左徒，博聞彊志，明於治亂，嫻於辭令，入則與王圖議國事，以出號令；出則接遇賓客，應對諸侯，王甚任之。

---

[7]　《新校本史記》，〈列傳／卷八十四屈原賈生列傳第二十四〉，頁 2481-2503。

上官大夫與之同列，爭寵而心害其能。懷王使屈原造為憲令，屈平屬草未定，上官大夫見而欲奪之，屈平不與，因讒之曰：「王使屈平為令，莫不知，每一令出，平伐其功，（曰）以為『非我莫能為』也。」王怒而疏屈平。

屈平疾王聽之不聰也，讒諂之蔽明也，邪曲之害公也，方正之不容也，故憂愁幽思而作離騷：離騷者，猶離憂也，夫天者，人之始也；父母者，人之本也。人窮則反本，故勞苦倦極，未嘗不呼天也；疾痛慘怛，未嘗不呼父母也。屈平正道直行，竭忠盡智以事其君，讒人閒之，可謂窮矣，信而見疑，忠而被謗，能無怨乎？……

屈平既絀，其後秦欲伐齊，齊與楚從親，惠王患之，乃令張儀詳去秦，厚幣委質事楚，曰：「秦甚憎齊，齊與楚從親，楚誠能絕齊，秦願獻商、於之地六百里。」楚懷王貪而信張儀，遂絕齊，使使如秦受地。張儀詐之曰：「儀與王約六里，不聞六百里。」楚使怒去，歸告懷王，懷王怒，大興師伐秦。秦發兵擊之，大破楚師於丹、淅，斬首八萬，虜楚將屈匄，遂取楚之漢中地。懷王乃悉發國中兵以深入擊秦，戰於藍田。魏聞之，襲楚至鄧，楚兵懼，自秦歸，而齊竟怒不救楚，楚大困。

明年，秦割漢中地與楚以和，楚王曰：「不願得地，願得張儀而甘心焉。」張儀聞，乃曰：「以一儀而當漢中地，臣請往如楚。」如楚，又因厚幣用事者臣靳尚，而設詭辯於懷王之寵姬鄭袖，懷王竟聽鄭袖，復釋去張儀。是時屈平既疏，不復在位，

使於齊，顧反，諫懷王曰：「何不殺張儀？」懷王悔，追張儀不及。

時秦昭王與楚婚，欲與懷王會，懷王欲行，屈平曰：「秦虎狼之國，不可信，不如毋行。」懷王稚子子蘭勸王行：「奈何絕秦歡！」懷王卒行。入武關，秦伏兵絕其後，因留懷王，以求割地，懷王怒，不聽，亡走趙，趙不內，復之秦，竟死於秦而歸葬。

屈平既嫉之，雖放流，睠顧楚國，繫心懷王，不忘欲反，冀幸君之一悟，俗之一改也。其存君興國而欲反覆之，一篇之中三致志焉。然終無可奈何，故不可以反，卒以此見懷王之終不悟也。人君無愚智賢不肖，莫不欲求忠以自為，舉賢以自佐，然亡國破家相隨屬，而聖君治國累世而不見者，其所謂忠者不忠，而所謂賢者不賢也。懷王以不知忠臣之分，故內惑於鄭袖，外欺於張儀，疏屈平而信上官大夫、令尹子蘭，兵挫地削，亡其六郡，身客死於秦，為天下笑，此不知人之禍也。……

令尹子蘭聞之大怒，卒使上官大夫短屈原於頃襄王，頃襄王怒而遷之。

屈原至於江濱，被髮行吟澤畔，顏色憔悴，形容枯槁，漁父見而問之曰：「子非三閭大夫歟？何故而至此？」屈原曰：「舉世混濁而我獨清，人皆醉而我獨醒，是以見放。」漁父曰：「夫聖人者，不凝滯於物而能與世推移，舉世混濁，何不隨其流而揚其波？人皆醉，何不餔其糟而啜其醨？何故懷

瑾握瑜而自令見放為？」屈原曰：「吾聞之，新沐者必彈冠，新浴者必振衣，人又誰能以身之察察，受物之汶汶者乎！寧赴常流而葬乎江魚腹中耳，又安能以皓皓之白而蒙世俗之溫蠖乎！」

乃作懷沙之賦，其辭曰：……於是懷石遂自（投）汨羅以死。……

太史公曰：余讀離騷、天問、招魂、哀郢，悲其志。適長沙，觀屈原所自沈淵，未嘗不垂涕，想見其為人，及見賈生弔之，又怪屈原以彼其材，游諸侯，何國不容，而自令若是。讀服鳥賦，同死生，輕去就，又爽然自失矣。

綜觀歷史上的統治者，親小人而遠忠臣，這樣的君王比比皆是，蜜語讒言恆常受聽，忠諫之言總如良藥苦口，資治通鑑的歷史鑑戒功能可曾發揮？

司馬遷寫屈原的正直可風，感懷「悲其志，未嘗不垂涕，想見其為人。」在他的筆下，人物活現了出來，充分的展現歷史想像的功力，試問：江濱漁父哪來充滿哲理的話語？司馬遷又從何得知：屈原「被髮行吟澤畔，顏色憔悴，形容枯槁。」想來，司馬遷不正也是用個人一生的悲慘境遇，來與屈原「同死生，輕去就」嗎！

2.雕題黑齒之種、斷髮文身之鄉

台灣在 1684 年（康熙 23 年）納入大清帝國版圖，成為福建省台灣府，十年後，1694 年（康熙 33 年），時任福建分巡臺灣廈門道兼理學政的高拱乾以：「今人心已正，文治漸敷；欲同車書，莫有大於此（志書）者。」編修《台灣府志》[8]，於 1696 年（康熙 35

8　高拱乾《台灣府志》，臺灣文獻叢刊 65，臺灣銀行經濟研究室，頁 185-187。

年）刊行，是台灣最早的地方志，後來府志陸續增修：1710 年（康
熙 49 年）周元文重修、1740 年（乾隆 5 年）劉良璧重修、1746 年
（乾隆 11 年）范咸重修、1760 年（乾隆 25 年）余文儀續修，也就
是說，《臺灣府志》有五個不同年代的版本。

　　高拱乾的《臺灣府志》，內分：封域、規制、秩官、武備、賦
役、典秩、風土、人物、外志、藝文等，共十志（十卷八十目）。
這裡我直接取用卷七風土志的〈漢人風俗〉，來看看這位當時台灣
的最高長官，如何評判他的子民。

> 臺在昔，為雕題黑齒之種、斷髮文身之鄉，迄今，風俗凡幾
> 變矣。

> 其自內地來居於此者，始而不知禮義，再而方知禮義，三而
> 習知禮義，何言之？先為紅毛所占，取其地而城之，與我商
> 人交通貿易；凡涉險阻而來者，倍蓰、什伯、千萬之利，在
> 所必爭，夫但知爭利，又安知禮義哉？嗣是而鄭氏竊據茲土，
> 治以重典；法令嚴峻，盜賊屏息，民間秀良子弟，頗知勵志
> 詩書，俗尚偷安而已，國朝廟謨弘遠，增其式廓；歷年負固，
> 一旦削平，凡所以養士、治民者，漸次修舉，易政刑而為德
> 禮；撫綏勞來之方，靡不備至。於是鄉之中，士知孝弟、民
> 皆力田，詩書絃誦之業、農工商賈之事，各無廢職，夫士之
> 子恆為士、農之子恆為農，非定論也；今臺士之彬雅者，其
> 父兄非農工、即商賈也，求其以世業相承者，百不一二，由
> 其俗尚勉學，咸知具脩脯、延塾師授經：故咿唔之聲往往相
> 聞，雖村落茅簷間亦不絕焉。

府志出刊時，高拱乾已陞任浙江等處提刑按察使司按察使。

田園皆平原沃野，歲僅一熟；非凶年，可以無饑，三邑之民，務本之外，牽車服賈而已，揚帆濟渡而已，若澎民之無水田可耕者，或採捕、或治圃以自給而已。

鄉村所居之屋，皆誅茅編竹為之；無土木鞏固之安，有水火盜賊之虞。

隸斯籍者，非有數世高、曾之土著也；有室、有家，父而子、子而孫，即為真土著矣。以故宗族之親少、洽比之侶多，此亦四海兄弟之意。有一朝之忿，即以檳榔睦之，無負戴之班白、無久停之親柩。

商旅多四方所輻輳，而舟楫之往來皆安，車牛之絡繹甚便；舟車所至，無非聲教所敷，亦俗之善者也。

間或侈靡成風，如居山不以鹿豕為禮、居海不以魚鼈為禮，家無餘貯而衣服麗都，女鮮擇婿而婚姻論財，人情之厭常喜新、交誼之有初鮮終，與夫信鬼神、惑浮屠、好戲劇、競賭博，為世道人心之玷，所宜亟變者亦有之。

夫以雕題黑齒之種、斷髮文身之鄉，一旦闢擴為九、縣設而三；滌疵蕩穢，既喜振豫持豐，又慮昌辰難恃。柄世君子，豈得以妍媸聽之象魏，而污隆委之化工哉？如鑄大鑪，百鍊方剛矣，而仍防夫躍冶；如橫砥柱，奔濤均折矣，而徐定夫安流，又何俟百年必世，更紀淳風於化日耶？

　　一開始，就貶低台民素質的低落，說台灣是「雕題黑齒之種、斷髮文身之鄉」，至於新來住民也好不到哪裡，經過三個階段才知

道什麼是禮儀，他的說辭是：「紅毛所占，凡涉險阻而來者，但知爭利，又安知禮義哉？嗣是而鄭氏竊據茲土，治以重典，俗尚偷安而已。」等到我大清皇朝統治，才有：「養士、治民者，漸次修舉，易政刑而為德禮。」誇示新統治者的「皇恩浩蕩」，這個我們應能理解。

　　問題是，既然說：「三邑（台灣、鳳山、諸羅三縣）之民，務本之外，牽車服賈而已，揚帆濟渡而已，若澎民之無水田可耕者，或採捕、或治圃以自給而已。」意即台灣的社會經濟狀況普普通通，卻又以台灣民間的奢侈之風，為移風易俗之要務，這是矛盾的，須知，要能奢侈成風，先決條件就是物富民豐，「居山不以鹿豕為禮、居海不以魚鼈為禮，家無餘貯而衣服麗都。」反而證明了當時台灣境內富裕的光景。不過，此文所批之「信鬼神、惑浮屠、好戲劇、競賭博」倒也貼切入裏，三百多年後的台灣似乎仍是如此啊！

10-2.2　論斷誰是誰非

　　臧否歷史人物，在歷史家的作業裏是無可避免的，歷史家要設身處地來書寫歷史，又要回過頭來針貶時政、論斷歷史人物的是非，字斟句酌，確非易事，所憑者「史德」二字，當然，要能達到「孔子作春秋，亂臣賊子懼」的境界，更是難事。

　　我們移轉史德的歷史角度，換個角度，來看歷史人物在他的時代裏的人生抉擇，也想請你試著分析歷史人物的生命轉折，從歷史人物的經歷裏，感受歷史巨流的高潮起伏，是讚佩？喝采？還是唏噓？喟嘆！這裡，舉我所寫的兩篇人物傳記，來觀看整體歷史的脈動。

廿年風雨負初衷：台灣議會之父──林獻堂[9]

日治時期台灣民族運動的領袖林獻堂，一八八一年生於台中霧峰，堂伯父林文察、堂兄林朝棟皆有軍功（平亂及抗法）於前朝，他的父親林文欽則有科舉功名，與當道結緣，造就了霧峰林家的政經規模。甲午戰役，林朝棟、林文欽募義軍抗日，事敗。這樣的環境孕育了林獻堂強烈的民族意識。

林獻堂雖生於富裕之家，一生卻頗多折難，十五歲即帶領家族四十餘人避割讓亂事於泉州。二十歲，父親客死香港，遂承繼經營家業，奠定其在林家的領導地位。

一九〇七年，林獻堂偶遇梁啟超於東京，感「本是同根，今成異國」，梁受邀來台，示以「愛爾蘭獨立」事。一九二一年起，林獻堂正式投入政治抗爭的歷史洪流，憑其資財、人脈全力推動「台灣議會設置請願」運動，奔波於日本帝國議會十四年，率團請願十五次，企圖藉由議會之路達成台灣自治之實。期間，當局以剝奪專賣權、逼還銀行債務來打擊其事業，又以八駿事件詆毀其形象，更以治警事件大肆逮捕其幹部，他依然沒有放棄。

一九一四年創立私立台中中學（全台唯一專收台人就讀的中學），二〇年任「新民會」會長。二一年領導「台灣文化協會」，主持《台灣民報》，成為二〇年代台灣社會運動的中流砥柱。

---

[9]　林柏維〈台灣議會之父：林獻堂〉，《自由時報》副刊，1993.7.6.。

及台灣光復，協助安輯時局，竟也列名「台籍漢奸」。一九四六年省參議會成立，議長一職，林獻堂最具資望，卻無此機緣。二二八事起，目睹台灣政治、經濟、文化之驟變，慨嘆「家園付浮沈」、「廿年風雨負初衷」，遂於四九年以養病為名，自我放逐於日本，一九五六年病逝東京。

林獻堂是台灣五大家族中，與日本統治當局關係最惡的資本家，他是銀行家，彰化銀行的奠基者，林獻堂也是傳統詩人，為台灣最大詩社：「櫟社」的主幹。

跨越三個時代，林獻堂做為台灣民族運動的領袖，隱忍持志，他當之無愧。做為台灣議會的催生者，始終如一，他無怨無悔。然而，漢民族意識強烈的他，對於「夢土中國」的到來，他卻無言以對。

霧峰林家大可以如鹿港辜家、板橋林家與統治者建立親密的關係，然而林獻堂卻選擇了台灣民族運動的不歸路，我們該如何去看待這樣的歷史問題呢？從漢民族的立場，應該是肯定的掌聲，然而後續的歷史發展裏，漢民族的蔣介石是如何對待林獻堂的？相對的，霧峰林家的中衰與林獻堂的政治生涯有無關聯？如果是，對照於鹿港辜家與高雄陳家在戰後的光彩，顯然，歷史的嘲諷令人不忍！

跨越三個時代，串聯林獻堂三個時期的中心意識又是甚麼？做為台灣第一人，他的人格與風格又是如何？這個答案其實很清晰，你看到了嗎？

最後，林獻堂「以養痾為名」自我放逐於日本，這句話欲言又止，顯然隱藏著答案，說說看，林獻堂心中的答案是什麼？

一棹春風好避秦：農民運動的先鋒——李應章[10]

近代台灣農民運動的勃興，源起於因蔗作爭議引發的二林事件，而李應章正是領導二林蔗農組合的總理，是台灣近代史上農民運動的先發部隊。林獻堂在寫給台灣總督的建白書中說：「由於糖業保護方針，設定區域制度，許可製糖會社對於農民獎勵甘蔗栽培，其賣出、價格由會社任意決定，此乃有會社有無農民之政策也。」文化協會理事、二林支部長李應章鑒於農村的苦狀，於是集結知識青年，首開文化協會農村講座的先風，石錫勳、吳清波、林篤勳、吳石麟等相繼赴會演說。一九二四年歡迎林獻堂請設台灣議會的演講會，猶如迎神廟會般，劃破了寂靜農村的夜空，也激起文化協會啟蒙運動的高潮。

李應章在台灣醫學專門學校畢業後，先在赤十字醫院研究熱帶醫學一年，轉而實習內科，並返回二林開設保安醫院，以其醫術博得鄉里的敬重，然而做為文化協會理事的他，在痛感農民所得全為資本家所榨取的心境下，體認到唯有組織的力量方能爭取農民權益，二林蔗作組合在他的領導下成立於一九二五年六月，十月隨即因林本源製糖會社搶收蔗作，引起警民衝突，日方大拘捕九十三人，李應章被判刑八個月，賴和為此寫下〈覺悟下的犧牲〉，以誌敬意。此一事件促成了簡吉、黃石順的成立台灣農民組合，掀起一九二〇年代農民運動的滔滔巨浪。

---

[10]　林柏維〈台灣農民運動的先鋒：李應章〉，《自由時報》副刊，1994.8.15.。

「農民若失其所有權，則與死同然」，「人權一被蹂躪，不知底止，由壓迫而萎縮，由服從而拜跪。」李應章關心農村，也參與政治，他是台灣議會期成同盟的會員，也是台灣民眾黨的發起人兼勞農委員，一九二九年被台共指導下的文化協會選為中央委員。

一九三二年李應章渡海中國，在廈門加入中國共產黨，為躲避國民黨的追捕，於一九三四年逃至上海，易名李偉光，經營偉光醫院，成為中共地下黨員。

一九四六年李應章被選為上海台灣同鄉會會長，次年參與謝雪紅在香港成立的台灣民主自治同盟，擔任理事，國共內戰期間，李應章全力掩護上海地區的中共黨員，並從事反國民黨的活動，因此在中共的權力網絡中建立了扎實的基礎，中共建國後與謝雪紅等入選為政協委員，並擔任台灣民主自治同盟華東總支部主委，然而屬於蔡孝乾系統的他，也開始了與謝雪紅系統間長期的宗派鬥爭。

李應章，彰化二林人，一八九七年生，公學校畢業後在家裡開設的中藥舖當學徒，一九一六年進台灣醫專，一九五四年被選為中共人民代表大會代表，同年病逝。

做為一名醫生，即使是在殖民體制下，李應章仍可過著優渥的生活，然而他放棄了，為了被壓榨的勞苦農民，走出診療室，和帝國體制抗爭，最後選擇階級鬥爭的路線，進入中國，站在共產黨一方，與國民黨抗爭。

　　在過去黨國體制下的威權時代，李應章的名字被淹沒在台灣的
現代史裏。

　　在台灣二〇年代的社會運動風潮中，李應章促成蔣渭水的文化
協會籌組、主導二林事件、促成簡吉的台灣農民組合籌組，扮演著
推手的角色，我們要問的是：李應章的社會運動概念是怎麼來的？
越來越激進的他，終於加入共產中國的陣營，他回歸中國的轉折點
何在？戰後曾短暫回台省親，最後還是「拋妻棄女」復歸中國，是
歷史的悲劇？還是台灣人的宿命？

終　章

海洋史觀的歷史書寫：台灣早期歷史的幾個問題

11-1　以洋流季風為軸線看台灣早期歷史

　　歷史能重新改寫嗎？時間距離愈長，史學家所能掌控的史料存留也愈少，另起爐灶所撰述出來的歷史書寫，與前行的史家著述自是同者多、異者寡，讀者所見到的「歷史本體」並無二致，於是，新史料的「出土」成為史家改寫歷史的最大期待，然而，除此即別無他途？第八章〈歷史的解讀〉中論及歷史解釋，我們其實也可在既有的材料下，針對歷史閱讀產生的疑竇，換個角度來重新演繹歷史。

　　在欠缺史料基礎下，台灣早期歷史，存在著一些似是而非的「定論」，實則是頗有爭議性的歷史問題，以下幾個問題，看似平常無奇，當我們認真地加以思索、提出質疑後，問題就呈現了，這幾個問題，似乎都能以洋流季風為軸線，將之串接起來。

11-1.1　關於台灣早期歷史的普遍論述

　　關於早期台灣歷史的延伸，在八〇年代以前，一般皆認為起自三國時代，甚或更早，郭廷以《台灣史事概說》引《尚書》及沈瑩《臨海水土志》為例，認為夷洲就是台灣，斷定三國時代（三世紀）孫權時，是中國經營台灣的開始；此後流球、留仇、流虯、瑠球、

琉球是台灣的別名，隋煬帝（七世紀）時更遣人征討琉球。[1]或有論者引唐朝施肩吾（九世紀）的詩〈島夷行〉[2]、引元朝汪大淵（十四世紀）的《島夷誌略》有謂巡檢司設於澎湖，如此簡單地，牽引出台灣與中國之歷史關係。

從這些敘述裡，我們可以觀察到什麼樣的歷史暗角呢？

——三世紀時中國開始經營台灣，何以有長達1300年的歷史空白？

——夷洲果真是台灣？

——琉球是台灣的別名？那麼今天的琉球叫什麼？

——〈島夷行〉一詩所寫，確定是澎湖嗎？

歷史向上延伸論者，應以歷史考證的方式來驗證史事，而不是引述早期史書裡出現了可能是台灣的文字，就武斷地下定論。

11-1.2　唐朝以前發現不了台灣！

首先，我們來看夷洲的問題，何以不說夷洲是日本或今日琉球？定要說成是是台灣？起源點是伊能嘉矩在《台灣文化志》引《三國志》的推論而來，[3]至郭廷以的《台灣史事概說》時「成為定論」，他們所引文句如下：

> （黃龍）二年春正月，魏作合肥新城。詔立都講祭酒，以教學諸子。遣將軍衛溫、諸葛直將甲士萬人浮海求夷洲及亶洲。亶洲在海中，長老傳言秦始皇帝遣方士徐福將童男童女數千人入海，求蓬萊神山及仙藥，止此洲不還。世相承有數萬家，

---

[1] 郭廷以，《台灣史事概說》，頁 1-6。

[2] 「唐施肩吾島夷行云：『腥臊海邊多鬼市，島夷居處無鄉里；黑皮年少學採珠，手把生犀照鹹水。』即指此地也，是唐時已有居民。」台灣文獻叢刊《小琉球漫誌》，頁 10。

[3] 伊能嘉矩《台灣文化志》，台灣省文獻委員會，1985，頁 26-28。

其上人民，時有至會稽貨布，會稽東縣人海行，亦有遭風流
移至亶洲者。所在絕遠，卒不可得至，但得夷洲數千人還。[4]

這麼樣的一段話，所敘者，主為為亶洲，卻就這樣粗率地解讀
說夷州就是台灣。我把這質疑寫成一篇短論，如下：

琉球＝台灣？[5]

長期來，關於台灣的早期歷史之敘述，無論學者或專家，十
有八九認定台灣最早的名字叫夷洲，認定的原因是：前中央
研究院近史所所長郭廷以寫了一本書《台灣史事概說》，內中
引《尚書》及沈瑩《臨海水土志》[6]為證，直斷三世紀（三國
時代）時的夷洲就是台灣，進而大膽推斷孫權時代是中國經營
台灣的開始。

歷史家談史學方法與作歷史研究經常「談作分流」，「疏忽」
中國史書相互傳抄的傳統（台灣的方志也沒例外），即使流
球、留仇、流虬、瑠球、琉球寫法的不同，也不改抄寫的本
能，因此，上述名稱全成為台灣的別名，在這一假設前提被
「近代史權威」鐵口直斷後，七世紀時隋煬帝的遣人征討琉
球，變成中國「經營台灣」的另一荒謬史證，又解釋唐朝施

---

[4]　《三國志》〈孫權傳〉，台北：鼎文點校本，1987，頁1136。

[5]　載於【林柏維的窗口】網站【歷史對話】（http://mail.stut.edu.tw/davidlim/0603HS/hs1_000.htm）

[6]　沈瑩《臨海水土志》有如此記載：「夷州在臨海郡東南，去郡二千里。土地無霜雪，草木不死。四面是山，眾山夷所居。山頂有越王射的正白，乃是石也。此夷各號為王，分割土地，人民各自別異，人皆髡頭，穿耳，女人不穿耳。作室居，種荊為蕃郭。土地饒沃，既生五穀，又多魚肉。舅姑子父，男女臥息共一大床。交會之時，各不相避。能作細布，亦作斑文。布刻畫，其內有文章，好以為飾也。」（轉引自伊能嘉矩《台灣文化志》，頁27。）

肩吾（九世紀）的詩〈島夷行〉是在描述澎湖景況[7]，把文學意境當成歷史想像的素材，郭所長真的「權威」到匪夷所思的境界。

至於十四世紀時元朝汪大淵《島夷誌略》記：「設巡檢司於澎湖」，雖應另當別論，但偉大的歷史家在談三世紀到十四世紀這一千多年的歷史，卻如魏晉清談般輕率、夢囈式的以幾個事例就把台灣歷史與中國歷史無限的纏結在一起，真令人嘆為觀止。

令人嘆息的是，今天研究台灣的學者專家有如過江之鯽，卻多的是「蕭規曹隨」，不敢或不願或懶得置喙一語。

換個角度，從自然地理的視角來看台灣早期的歷史，可以有什麼樣的發現？台灣孤懸海上，從中國到台灣，仰賴的是船，這就牽涉到造船技術的問題，口岸的問題，航海路線的問題，最重要的是主宰航海路向的洋流、季風，我以洋流、季風做切入點，另寫一篇短論，如下：

洋流季風與台灣[8]

以中國為本位架構的歷史觀下，史家談台灣與中國的歷史關係，有著無限的、理所當然的想像空間，諸如：台灣原住民屬於中國東南之越族，係千萬年前自彼岸走過「台灣海峽大陸棚」而來，或謂兩岸一葦之隔，先人飄洋而至。

7　梁嘉彬反證島夷非指澎湖，斷定「島夷行」為詠鄱陽湖之作，梁嘉彬〈唐施肩吾事蹟及其「島夷行」詩考證〉，《大陸雜誌》，1958，頁4。

8　載於【林柏維的窗口】網站【歷史對話】（http://mail.stut.edu.tw/davidlim/0603HS/hs1_000.htm）

學者梁嘉彬遠在 1958 年即立說反駁神話般的兩岸關係論，其論文〈吳志孫權傳夷洲亶洲考證〉[9]，以東洋針路、季風、洋流等佐證夷洲即今之琉球，直言中國提早發現台灣的不可能性，依其觀點，航海技術受季風、洋流的影響，使中國永嘉（溫州）以北之港口無法到達台灣，等到福建在宋朝時期開發後，泉洲開港及風帆船隻的製造技術進步後，方有能力依東洋針路及季風走向來到台灣，如此，則台海關係至早僅能上延至南宋，而非北宋之前。

依據中國歷史發展的進程，蒙古帝國時期加速了南中國海的海上貿易發展，海上航行技術的改良，繼而使明初的鄭和下西洋成為可能。相對的，台灣才可能在彼岸有存在的可能，如是，小琉球、東番、台員是台灣的初名，方為可信。

或有質疑台灣不應是小琉球者，乃是忽略了傳統中國的文化觀：以文化層次高下而非版圖規模來識別大小，「大月氏」、「小月氏」可為例證。

檢核有清一代，先民渡海而來之史料，季風更決定著兩岸之往返，如是，再驗證於鄭成功之兵敗荷蘭，季風與洋流將給我們不同的另類答案。

　　歷史研究者何以要犯「孤證」的大諱，斷言三國時期已發現台灣？斷言中國早期裡史裡的琉球就是台灣？你我的心裡都該清楚

9　梁嘉彬，〈吳志孫權傳夷洲亶洲考證〉，《中華學術與現代文化叢書》（三、史學論叢），頁 128-160。

答案為何。從自然地理來看歷史吧！洋流[10]季風在風帆航行的時代
主宰著海上的動線，黑潮的東北向水流與西南季風的吹拂，使雅加
達到東京可以一路順暢；相反的，親潮水流的強勁至澎湖稍歇，搭
配東北季風與台灣洋流之分向流，得能回程南洋，兩流會合的海峽
通道，反而阻隔了兩岸的交通，意即：以風帆為動力的船隻，向東
航行，夏天時必然北偏為東北向，冬天時則南偏東南向，如此，以
地理位置來看，南宋泉州開港前，溫州以北的中國港口是到不了台
灣的。

　　海洋的台灣，當然要用海洋的觀點來看歷史，這「台灣自古以來
屬於中國」的政治神話，自然不敵洋流與季風的威力。顯然，透過台
灣觀點的歷史文化詮釋[11]，才能讓我們真正得到台灣歷史的全貌。

11-2　海洋世界的台灣

　　西方世界在 16 世紀以後的海洋發展，一直被東方史的研究者有
意無意的忽略，台灣歷經西荷的統治過程，怎能不從世界史的觀點
來看台灣呢？從西方的觀點來看，從重商主義的角度來看，台灣與
中國是分離的，從海洋的世界來看，台灣是西太平洋貿易網絡中的
島嶼。這個時代，海洋貿易的主場在中國的泉州，活絡於中國東方、
南方海洋上的貿易集團：來自日本長崎與來自荷蘭、西班牙、葡萄
牙的西方商團，因中國的禁海政策而無法與中國商人從事正常的口

---

[10]　黑潮是一支強大的海流，水色似藍若靛，因而得名，歷史上台灣海峽又名
　　　黑水溝的原因也在此，從北赤道西流，轉向至台灣時，分流海峽及台灣東
　　　方海面，此段被稱為台灣洋流，在臺灣東面的黑潮的流寬達 280 公里，厚
　　　500 米，流速 1.85～2.8 公里／小時。
[11]　張炎憲，〈台灣史研究與台灣主體性〉，《台灣近百年史論文集》，頁 448。

岸貿易，致使海上貿易淪為「走私式」的商業往來，最近距離之轉口點的取得，使台灣歷史一開始就跳躍至海洋貿易的世界舞台。

11-2.1　太平洋西岸的海洋世界

從十二世紀起，南宋時期的中國已開展海上貿易，1292 年蒙古帝國的千船艦隊遠征爪哇，1405-1433 年明帝國再組成艦隊，七入印度洋，正符合洋流季風的航線，而咫尺天涯的台灣當然不在航程之內。[12]

直到葡萄牙人於 1516 年抵達廣州，並於 1557 年取得澳門貿易據點，方開啟東西世界的互流。顯然在這之前，官方的閉關與否，無礙於中日琉三國民間熱絡的海上商業經營，葡西荷的加入，反使海上貿易推上頂峰，台灣就是在這樣的時空下進入歷史舞台，多方勢力分屬不同的海上商業武裝集團。

海上商戰集團[13]

中國南宋政府被迫於 1127 年南遷杭州，開始倚重海上貿易，自此，從 1150 到 1450 年的三個世紀，是中國航海事業發達的時期，1292 年由 1000 艘船隻組成的蒙古帝國艦隊曾遠征爪哇，研究中國科技史的李約瑟說他比哥倫布時期的任何歐洲遠征隊都要龐大，1405-1433 年明帝國更曾七次組成艦隊進入印度洋。然而無論中國沿海如何早熟，海洋仍只是中國內

---

[12] 可以相信的是十四世紀起至十八世紀，華商獨霸了南海貿易。張彬村〈十六至十八世紀中國海貿思想的演進〉，《中國海洋發展史論文集》2，頁 39-58

[13] 載於【林柏維的窗口】網站【歷史對話】（http://mail.stut.edu.tw/davidlim/0603HS/hs1_000.htm）

陸一個次要的、未同化的附屬物。中華帝國的內陸傾向（內陸的、反航海的思想）[14]一直妨礙著海洋生活的發展。

海上的繁榮對政府官員而言是一個問題、不是國家的利益與前景，所以其海洋政策除了「海禁」就是「禁海」[15]，也因此造就了鄭芝龍、鄭成功的海上軍事力量與商業勢力在明清之際掌控西太平洋領域的巔峰事業。

由於反商思想的傳統，使做為「次元文化」的海上商業活動在中國歷史紀錄上，被輕率的以「海盜」社會對待。從中國官方的紀錄來看，「倭寇」問題是「海禁」的原因，但從海洋貿易來看，正是華商與日商（15 世紀日本的戰國時期，使日本商人活躍於東海）海上商業往來與武力自保的現象，這一股勢力或可稱之為「亦商亦盜的海上武裝集團」[16]，而且倭寇的主體是中國人。

新航路發現後，羅馬教皇替西班牙、葡萄牙劃好望角為兩國之海洋國界，葡萄牙東行、西班牙西行；促成哥倫布於 1492 年發現新大陸，並於 1565 年佔領菲律賓，至 1815 年止，西班牙因與華商從事貿易，其船隻往來太平洋兩岸達 250 年之

---

[14] 參見費正清〈中國歷史上的沿海與內陸〉，《劍橋中華民國史》，上海，人民出版社，頁 15-21。

[15] 習於閉關自守的中國政府為了北方邊防，無力於海上經營，卻也禁不起商人集團的「海岸騷擾」，從明初開始施行「海禁政策」，1567 年始開放，並以漳州海澄（月港）為通商港口。參見全漢昇〈明季中國與菲律賓之間的貿易〉，《中國經濟史論叢》，頁 421-424。

[16] 自中國政府的角度而言，海上商業武裝集團就是海盜，而海盜問題一直是中國政府的痛腳。戴國輝也不能免俗的接受台灣是海盜基地的說法，《台灣總體相》，頁 40-45。

久，致太平洋有「西班牙湖之別稱」。相對的，1557 年葡萄
牙向明政府取得澳門作為通商據點。

於是，我們看到十七世紀西、葡、荷與華、日海上商戰集團，
在西太平洋競逐貿易的盛景。

　　從內陸的、反航海的中國歷史特質，從重商主義的西方世界，
觀看十七世紀的西太平洋，我們可以更清楚地觀察到，被壓抑的商
業文化在海上獲得釋放，卻又無奈地必須撐起自我防衛的保護傘，
於是商業勢力與武裝實力相互交纏的景象，就成為此一時期的歷史
寫照。值得注意的是，西太平洋商業往來的中國口岸，為什麼獨厚
泉州？這顯然與洋流季風走向下的航海路線有關，從長崎到雅加
達，泉州、馬尼拉，乃至大員，皆位居樞紐要津，也都在東北、西
南的季風動線上。

11-2.2　荷鄭之戰：荷蘭投降了嗎？

　　由於中國市場的需求，欲求中國的通商口岸而不可得下，使荷
蘭東印度公司因尋求貿易前進基地，在 1624 年築普羅民遮城於台
南；使西班牙人在 1626 年修聖薩爾瓦多城（基隆和平島）、1629
年建聖多明哥城於淡水，1620 年顏思齊則以魍港（北港）為據點；
台灣的開發就在這樣的時空環境下展開。

　　明清政權交替之際，富可敵國的海上商業所得，讓鄭氏集團足以
撐起頹敗王朝的半邊天，相對的，失去中國的泉州，也將削去鄭氏集
團的商業命脈，鄭成功佔領大員（台灣）的理由就在這裡；從這個視
角來思索，鄭成功以台灣為反清復明的根據地的傳統說法，就需大打
折扣了！

荷蘭投降了嗎？[17]

一個簡單的命題：荷蘭、鄭成功為什麼要佔領大員（台灣）？

常見的答案是：一是作為海外殖民地，一是作為反清復明的
基地。然而，答案非得如此嗎？我們太過習慣用民族主義的
本位角度去看待歷史，也就輕易地接受這樣的講法。

以海外殖民地的佔有來看荷蘭，容易忽略掉十六、十七世紀
西、葡、荷、英競相發展海洋事業的重要因素：商業利益的
追逐，雖然是在國家力量的政治操控下，以軍事力量作為後
盾，商業開發才是「聯合東印度公司」的使命，因此，與英
國、葡萄牙、西班牙的軍事衝突，都是為了壟斷、爭奪、鞏
固貿易據點，至於被設定為貿易對象的中國，則採取退讓的
立場，1622 年攻佔葡屬澳門不成，轉而二次佔領澎湖，在明
朝軍事的壓力下，再於 1624 年退向大員。明顯的，台灣的佔
有並非荷蘭對東方之貿易據點選項下的首選，熱蘭遮城港埠
的建構與經營，反而強化了台灣這個島嶼的轉口貿易功能，
突顯出荷蘭操控海峽商業的霸權力量。

反觀被鄭成功承續的鄭芝龍商戰集團，是當時明日兩國「海
禁政策」下「非法貿易」的盜商集團之一，鄭芝龍於 1624
年在臺灣建立基地後，竟能攻佔廈門，轉而於 1628 年接受招
撫，累升至總兵，身兼官商盜三重身分，幾盡壟斷了中國的

---

17 載於【林柏維的窗口】網站【歷史對話】（http://mail.stut.edu.tw/davidlim/
0603HS/hs1_000.htm）

海上貿易[18]，與荷蘭、西班牙間長期存在著既是互貿又是敵對的緊張關係。

中國政治局勢的變化，裂解了鄭氏集團，1646 年鄭芝龍降清被斬，1658 國姓爺鄭成功攻打南京的敗戰，落得困守金廈，最後以攻取大員收場，時為 1661 年 4 月[19]，次年 2 月 1日，荷蘭大員長官揆一（Coyett）依照鄭成功的 16 條文簽下締和條約，「收回原屬他父親鄭芝龍，因而現在應屬於他的土地」[20]台灣。

一千多荷蘭人面對二萬五千鄭家大軍，當然要投降！這一段史事，即使是史學大家也都說是荷蘭向鄭成功投降；然而，我們該問：何以要圍困九個月之久？荷蘭駐守人員可曾寫下降書？最後，海牙的歷史文獻告訴我們，締和條約是鄭成功與荷蘭東印度公司和談的結果，其用心為何？也就是攻佔台灣的目的為何？鄭氏集團長遠的商業利益，正是答案。

　絕對優勢武力下，何以要圍困九個月之久？鄭成功的算計是什麼？

---

[18]　永積洋子，許賢瑤譯〈荷蘭的台灣貿易〉（上），《台灣風物》43（1）：13-35。

[19]　鄭成功率 8 千艘戰船、17 萬步兵、5 萬海軍、5 千騎兵、8 千鐵人，攻打南京。1661 年 4 月，鄭成功自金門領軍二萬五千人，先攻占澎湖，三十日黎明自鹿耳門攻入大員。先占領普羅民遮（Provintia）城鎮（今赤崁樓一帶），再圍熱蘭遮（Zeelandia）城。經九個月，1662 年 2 月 1 日，荷蘭人（一千多人）終於被迫投降，離開統治多年的臺灣。（張旭成〈鄭成功：愛國者、民族主義者、與開國者〉，《近代的台灣》，頁 45-49。）

[20]　江樹生《鄭成功和荷蘭人在台灣的最後一戰及換文締和》，頁 72-80。

　　研究大航海年代歷史，一定要留意的基本認知，是季風影響下，風帆航行往來耗時於季風的等待。所以，我們以季風的時節來考量，鄭成功攻打台灣的時機（四月），已是西南風起時，強渡海峽攻大員，目的就在於讓荷蘭人無法從大員出發到巴達維亞（雅加達）討救兵，同樣的道理，二月締和，正可讓荷人順東北風南下巴達維亞。

　　一個長期壟斷中國海上貿易的商戰集團，面對即將喪失的泉州據點，以及中國市場，選擇台灣作為再出發的商業基地，繼續和不得不與之一戰的荷蘭東印度公司貿易往來，應該才是鄭荷之戰九個月的合理解釋吧！

11-3　移民新故鄉

　　從大海洋的面向來看，商業貿易這一在中國傳統政治格局裡被有意無意忽略的社會活動，應是我們重新發現台灣的重要主軸，在海洋世界的商業活動裡，顯然的，農業經濟已被含括到商業經濟之中，農業墾拓、移民遷徙都有著商業文化的「利益特質」，看待台灣早期移民墾拓的諸般社會現象，怎能只用農業開發的觀點！

　　移民路線與航海技術、航海路線相輔相成，而歷史的發展進程也相對的牽動移民潮的流動方向。南宋以前，溫州（永嘉）是中國最南方的港澳，因此琉球、日本與中國有緊密之歷史關聯。泉州開港後，福建沿海移民進向菲律賓、台灣。廣州通商後，廣東及其腹地移民進向南洋、美洲。他們從哪裡來，是整體歷史環境的問題，他們住在哪裡，是區域歷史環境發展的結果。台灣漢族移民，既無關來台先後，也無關原鄉生活方式，而山多田少僅能是局部原因。[21]

---

[21]　林柏維《台灣的社會變遷》，頁 84-87。

11-3.1 墾拓台灣：商業性格的集體移民

台灣移民社會的形構，自荷人之大員經營起，就表現出十足的商業性格，從鹿的獵捕到米糖的種植，採取委外經營（承包：台語為贌）的方式，由荷商、華商申請拓墾，公司與之立契、抽租取稅，所有墾地皆為王田，資本家（仕紳階層）從原鄉引入農業勞力，從事集體作業的農業經營，配合洋流季風的轉換以橫越海峽，恰可「春去秋回」，這樣的集體墾拓，迄至清代仍大同小異。候鳥式的集體農力移轉，隨著農業的土地依附特性，演變成定點的移民群聚現象（也起因於黑水溝的險惡難渡），才逐漸產生羅漢腳、分類械鬥、族群遷徙與併合的歷史問題。

農業勞工[22]

台灣移民社會的形構，應源起自荷人治大員時始，荷蘭東印度公司以大員為東方貿易之轉口基地，商業是其主業，旁及農牧之開發，也是以經濟利基為其主要宗旨，因此，平野上「鹿」之獵捕，不委由平埔族人，反向中國輸入勞力，即在於投資報酬率之考量。相同的，田土的開發，也就以商業上之「委外經營」（承包、代工）為方針，[23]如是，將原野切割以供荷商、華商申請拓墾，公司與之立契並提供必要之農具、牛隻、房舍，待有所成，抽取租、稅以為報償。

這樣的土地開發之作業方式，[24]迄至清代，仍大同小異。

---

[22] 載於【林柏維的窗口】網站【歷史對話】（http://mail.stut.edu.tw/davidlim/0603HS/hs1_000.htm）

[23] 參見東嘉生《台灣經濟史概說》，頁 16。17-23。

[24] 台灣土地的開墾模式，基本上延續著荷蘭時代招募漢人墾拓的經營方式，意即：開墾者從土地取得（政府許可文書及官方往來關係的建立）到招募

資本家取得開墾許可，自然以集體作業之方式從事農業經營，直接從閩粵沿海召募農人集體渡海來台，這些農人與勞工無異！史稱之「春去秋回」候鳥式的集體農力移轉，正是「農墾公司」經營型態的真實寫照。

然而，由於農業的土地依附特性，短期的、契約的、浮動的農業勞工，最終還是逐漸轉型到長期的「佃農位階」上去。從這一個方向去思考，一幅歷史景觀浮現在我們面前：資本家（仕紳階層）投入資金到定點的墾地上，取得渡台許可後，直接或間接（人力仲介者）從原鄉引入農業勞力，農業的土地依附特性使他們定點地形成同鄉（同姓、同族）聚落，後續歷史裡的羅漢腳問題、分類械鬥問題、族群遷徙與併合的問題，也都從這個土地定點上發其端。

可以肯定的是，集體渡海的農業勞工在仕紳階層（資本家）的引領下移民台灣，他們是移民主體，他們可以是隸屬社會下層者，但絕非「販夫走卒、奸盜亡命之徒」[25]一語可以概括。

　　台灣的移民具有濃厚的經濟取向特質：高度的市場取向、富於創業精神、社會特重財富。在移民社會中經營商墾事業、參與科舉或取得軍功，從而進入社會上層，無疑的是眾多移民奮鬥的方向。

　　（勞動力的引入）、拓墾（土地分割、水源取得、農具及種苗提供）到收租、繳稅。（參見尹章義〈台灣開發史的階段論和類型論〉，《台灣開發史研究》，頁 20-26。）

[25] 學者尹章義認為：「至於拓墾者的出身，無論清代的地方官或日治時代的統治者，幾乎都極力宣揚其『貧困』、『不安分手法』，前者以此說明台地之難治，為自己的無能開脫；後者則除此之外，更有突顯被壓迫的台人為劣等民族中之劣等人之意。」〈台北平原拓墾史研究：1697-1772〉，《台灣開發史研究》，頁 148-149。

實際領導墾務的墾首、結首、隘首，乃至在社會動亂（民變事件）中的義首，皆能憑己之力，經由商業貿易與墾植事業上升為社會縉紳，進而拓展家族勢力，成為地方望族。[26]

11-3.2　羅漢腳不是流浪漢

　　漢族移民到台灣的歷史原因，因何而來？分布狀況？一直是台灣史研究者探討的問題，過去，習以為常的錯誤說法（山多田少人多的移民說，海口多泉、內山多漳分布說），至今仍有多人確信不疑；墾拓的過程也經常被概略化為羅漢腳的土地爭奪，實則應該歸位到仕紳階級領導的集體開拓上。

　　海洋貿易、富於冒險犯難的經濟取向，是移民台灣的最大動因，在「1600 年以後，海外貿易不再由沿海少數商人所獨占，內陸居民開始投入海上貿遷活動。」[27]十七世紀以來，「台灣移民大都來自閩粵地區，而且多半屬於經濟性移民。其渡海來台或遷台後再移向邊墾區的動機，主要係在謀求經濟利益或希圖改善其生活狀況。」[28]以下試就羅漢腳問題提出不同面向的歷史觀點：

> **流浪的羅漢**[29]
> 關於羅漢腳一辭，在史籍裡一般皆解讀為：「無田宅無妻子、不士不農、不工不賈、不負戴道路，俗指謂羅漢腳；嫖賭摸竊，械鬥樹旗，靡所不為。」[30]引申到台灣的移民墾拓史中，

26　參見蔡淵絜〈清代台灣的移墾社會〉，頁 47-59。
27　宋光宇〈重利與顯親：有關「台灣經驗」各家理論的檢討和歷史文化論的提出〉《台灣經驗（一）歷史經濟篇》，頁 44。
28　蔡淵絜〈清代台灣的移墾社會〉，頁 47-48。
29　載於【林柏維的窗口】網站【歷史對話】（http://mail.stut.edu.tw/davidlim/0603HS/hs1_000.htm）
30　文下接：曷言乎羅漢腳也？謂其單身遊食四方，隨處結黨；且衫褲不全，

「羅漢腳」問題皆被界定為「流浪漢」，甚者，主張清代台灣民變發生因由率多起因於羅漢腳，果如此？或率爾如此？

從台灣移民墾拓模式來看，資本家申請開發原野獲得許可後，即委人自廣東、福建口岸招納農業勞工，集體渡海而來，這樣的墾殖雖然極富商業精神，然而其開發仍屬「農業特質」的，勞農的生根特性使資本家之勞力需求在墾拓過程中相對降低成長空間，如是，農業的勞力市場在資本家取得墾地時有其開放性，實則呈現著封閉型態，然而，閩粵沿海聞風而來的勞動力，如屬自行跨海而來者，自然未隸屬於墾拓集團，也就難能覓得工作，在事與願違下淪為「浮動人力」，與應募而來者有了不同命運，這浮動人力遊走於各墾地之間，有若苦行僧之沿門托缽，一人飽食全家足，恰似羅漢行腳，名詞由來應如是，其屬性也應如是！

究台灣史者，每以「渡台禁令」為尚方寶劍，以偏蓋全地武斷論述：渡台者皆為單身漢，進而簡單推論：單身漢就是羅漢腳，所以移民墾拓者以此種人為主，似是而非的講法，掩蓋掉集體渡海而來的契約勞力！也把尋覓農業勞動機會的羅漢腳全盤定位到「匪類」一途，於是而有台灣先民率皆作姦犯科、亡命之徒這樣的歷史污衊。

談台灣史者，大都認為：「荷蘭時期以前，來台者大都為海盜類的亡命之徒，鄭氏時期寓兵於農，來台者大都為單身軍人，清代

赤腳終生也，大市不下數百人，小市村不下數十人，臺灣之難治在此。（陳盛韶《問俗錄》（1833），轉引自《噶瑪蘭廳志》，臺灣文獻叢刊160，頁28。）

以後，受渡台禁令之限制，來台者大都為羅漢腳，因此，來台者就與平埔族婦女通婚，故民間有『有唐山公、無唐山媽』之俗語。」[31]，然而，羅漢腳的真意果是如此？在人云亦云之下，似乎已約定俗成，於是羅漢腳、渡台禁令、唐山公三者並聯結成「共構關係」。

深究「有唐山公、無唐山媽」這一俗諺，應是社會現象的反映，不能將之作為歷史因由，歷史學者、專家是否也都犯了這一（無史料支撐的）嚴重錯誤？以「從族譜或祖先牌位，但知有男性祖先，不知有女性祖先。」這一俗諺來解釋，只是突顯出：漢族社會以男性為主體的共有現象，強加於移墾社會的解釋，就有著寬大的討論空間。

以洋流季風為軸線看台灣早期歷史，只是企圖藉由不同的角度來解釋歷史現象，以海洋史觀來書寫台灣歷史，是不是也將有更多有如我所書寫的這些史論，乃至歷史的翻新，當然，歷史的本體書寫，仍須歸回史料的史實建構。

---

[31] 例如：董芳苑〈族群情節與和好2000〉《自由時報》2000.5.22，頁15，就是持這樣的看法。

參考書目

1. Arnold Toynbee（湯恩比）林綠譯《歷史的研究》，台北：源成文化，1978.10.。

2. Barnes, Harry Elmer（班茲）何炳松譯《史學史》，台北：台灣商務，1969。

3. BernaldGallin（葛伯納）蘇兆堂譯《小龍村》，台北：聯經，1979。

4. Bloch（布洛克）周婉窈譯《史家的技藝》，台北：遠流，1989。

5. Bloch（布洛克等）《年鑑史學論文集》，台北：遠流，1989.10.。

6. Donald A.Ritchie（唐諾‧里齊）王芝芝譯《大家來做口述歷史》，台北：遠流，1997。

7. Edward H. Carr（卡爾）王任光譯《歷史論集》，台北：幼獅編譯中心，1968。

8. Edward Gibbon（吉朋）梅寅生譯《羅馬帝國衰亡史》，新竹：楓城，1975.7.。

9. Felix Gilbert、Stephen R. Graubard（基爾柏特、格勞巴德）編，李豐斌譯《當代史學研究》，台北：明文，1982.12.。

10. Fernand Braudel（布勞代）施康強譯《15 至 18 世紀的物質文明》，台北：貓頭鷹，1999。

11. Fernand Braudel（布勞代）曾培耿、唐家龍譯《地中海史》，台北：臺灣商務，2002.6.。

12. Fernand Braudel（布勞岱）王芝芝譯〈建構地中海的模式是否可能？〉，布洛克等《年鑑史學論文集》，台北：遠流，1989.10.。

13. Georg Lukacs（盧卡奇）黃丘隆譯《歷史與階級意識》，台北：結構群，1989。

14. Irving M. Copi（柯比）張身華譯《邏輯概論》，台北：幼獅文化，1972.3.。

15. James Harvey Robinson（羅賓遜）何炳松譯《新史學》（The New History, 1912），上海：商務，1924.7。

16. Janx Vansina（凡西納）〈從前有個時候——非洲的口述歷史〉，李豐斌譯《當代史學研究》，台北：明文，1982.12.。

17. Jean Leduc（尚・勒狄克），林錚譯《史家與時間》，台北：麥田，2004.1.。

18. Karl Popper（卡爾）李豐斌譯《歷史定論主義的窮困》，台北：聯經，1981。

19. Keith Jenkins（凱斯・詹京斯）江政寬譯《後現代歷史學》，台北：麥田，1999。

20. Keith Jenkins（凱斯・詹京斯）賈士蘅譯《歷史的再思考》，台北：麥田，1996。

21. Leon Trotsky（托洛斯基）《不斷革命論》，台北：時報文化，1991.7.。

22. Max Weber（韋伯）于曉譯《新教倫理與資本主義精神》，台北：唐山，1991.5.。

23. Neil J. Smelser（尼爾史美舍）陳光中、秦文力、周愫嫻譯《社會學》，台北：桂冠，1991.11.。

24. Norman F. Cantor、Richard I. Schneider（甘特、施耐德），涂永清譯《史學導論》，台北：水牛，1993.1.。

25. Peter Burke（彼得・柏克）江政寬譯《法國史學革命：年鑑學派 1929-89》，台北：麥田，1997。

26. R.G. Collingwood（柯林烏）黃宣範譯《歷史的理念》，台北：聯經，1981。

27. Will Durant（威爾杜蘭）幼獅編譯部編譯《歷史的教訓》，台北：幼獅，1995.3.。

28. 尹章義《台灣開發史研究》，台北：聯經，1989。

29. 尹章義《張士箱家族移民發展史：清初閩南士族移民台灣之一個案研究（1702～1983）》，南投：台灣文獻委員會，2001。

30. 片岡巖《台灣風俗志》，台北：眾文，1990.11。

31. 王一芝〈台灣最有力量的聲音胡德夫〉，《遠見》，期 225，2005.3。

32. 王晴佳、古偉瀛《後現代與歷史學：中西比較》台北：巨流，2000。

33. 王晴佳《西方的歷史觀念—從古希臘到現代》，台北：允晨文化，1998。

34. 王爾敏《史學方法》，台北：東華，1988.3。

35. 司馬嘯青《臺灣五大家族》，台北：自立晚報，1987。

36. 司馬遷《史記》，台北：鼎文。

37. 台灣總督府警務局編《台灣總督府警察沿革誌（中卷）》，台北，1939.7.。

38. 永積洋子，許賢瑤譯〈荷蘭的台灣貿易〉（上），《台灣風物》43（1）：13-35。

39. 石萬壽〈正本清源話歲時節俗〉，《禮儀民俗論述專輯（三）》，1991.2。

40. 石萬壽〈明鄭時期研究的回顧與展望〉，《臺灣風物》，39：4，1989.12。

41. 石萬壽〈臺灣傳統寺廟建築的規制〉，《建築師》，6：10，1980.10。

42. 石萬壽《台灣的拜壺民族》，台北：台原，1990.6。

43. 伊能嘉矩《台灣文化志》，台中：台灣省文獻委員會，1991.6。

44. 全漢昇〈明季中國與菲律賓之間的貿易〉，《中國經濟史論叢》，台北：稻禾，1996.1.。

45. 朱仕玠《小琉球漫誌》，台灣文獻叢刊 003，臺灣銀行經濟研究室。

46. 朱景英《海東札記》，臺灣文獻叢刊 19，臺灣銀行經濟研究室。

47. 江樹生《鄭成功和荷蘭人在台灣的最後一戰及換文締和》，台北：漢聲，1992.9.。

48. 何炳松《歷史研究法》，上海：商務，1927。

49. 余文儀《續修台灣府志》，臺灣文獻叢刊 121，臺灣銀行經濟研究室。

50. 余英時《中國近世宗教倫理與商人精神》，台北：聯經，1987。

51. 余英時《歷史與思想》，台北：聯經，1976.9.。

52. 吳小如、莊銘權《中國文史工具資料書舉要》，1978.，北京（台北：明倫複印版）。

53. 吳文星〈日本據臺前對臺灣之調查與研究〉，《第一屆臺灣本土文化學術研討會論文集》，台北：師大人文中心，1994。

54. 吳文星〈日治初期日人對臺灣史研究之展開〉，《中華民國史專題論文集第四屆討論會》下，台北：國史館，1998。

55. 吳文星〈日據時期臺灣社會領導階層之研究〉，台北：正中，1992。

56. 吳文星〈日據時期臺灣教育史料及其研究評介〉，《臺灣史田野研究通訊》，26，1993。

57. 吳光明《歷史與思考》，台北：聯經，1991.9.。

58. 吳密察、許雪姬《先民的足跡：古地圖話臺灣滄桑史》，台北：南天，1991。

59. 吳密察〈「歷史」的出現〉，《臺灣史研究一百年：回顧與研究》，中研院臺史所，1997。

60. 吳瀛濤《台灣民俗》，台北：眾文，1990.2.。

61. 吳瀛濤《台灣諺語》，台北：台灣英文，1975.2.。

62. 宋文薰、劉枝萬〈貓霧捒社番曲〉，《文獻專刊》3：1，台灣省文獻委員會，1952.5.27.。

63. 宋光宇〈重利與顯親：有關「台灣經驗」各家理論的檢討和歷史文化論的提出〉《台灣經驗（一）歷史經濟篇》，台北：三民，1993.1.。

64. 宋光宇《宗教與社會》，台北：三民，1995.4.。

65. 宋光宇譯著《蠻荒的訪客》，台北：允晨，1982.11.。

66. 李文祺譯（梶原通好）《台灣農民的生活節俗》，台北：台原，1989.7.。

67. 李弘祺等《史學與史學方法論集》，台北：食貨，1980。

68. 李政達〈書評：汪斯坦博根《知識論》〉，《哲學與文化》，期362，2004.7.。

69. 李英明《馬克思社會衝突論》，台北：時報文化，1990.8.。

70. 李乾朗《台灣建築閱覽》，台北：玉山社，1996.11.。

71. 李筱峰、林呈蓉《台灣史》，台北：華立圖書，1992.10.。

72. 李筱峰《二二八消失的台灣菁英》，台北：自立報系，1990。

73. 李筱峰《台灣—我的選擇》，台北：玉山社，1995。

74. 杜維運《中國史學史》，台北：三民，1993。

75. 杜維運《史學方法論》，台北：華世，1979.2.。

76. 杜維運《與西方史家論中國史學》台北：東大，1981。

77. 汪榮祖《史學九章》，台北：麥田，2002。

78. 周婉窈《台灣歷史圖說》，台北：聯經，1997.10.。

79. 周樑楷《近代歐洲史家及史學思想》台北：唐山，1990。

80. 周樑楷《歷史學的思維》，台北：正中，1993.4.。

81. 東方孝義《台灣習俗》，台北：南天，1998.8.。

82. 東嘉生《台灣經濟史概說》，台北：帕米爾，1958。

83. 林正珍〈臺灣五十年來「史學理論」的變遷與發展：一九五〇～二〇〇〇〉，《漢學研究通訊》20:4（總 80 期）2001.11.。

84. 林明德《日本史》，台北：三民，1986.10.。

85. 林柏維《狂飆的年代》，台北：秀威，1997.9.。

86. 林柏維〈素描車軌寮〉《歷史月刊》191 期，2003.12.。

87. 林柏維〈歷史轉換的斷層〉《自由時報》副刊，【台灣一百年專輯】，1995.4.17.。

88. 林柏維〈醫國也醫民--台灣新文學之父：賴和〉《醫望》，期 2，1994.6.。

89. 林柏維《台灣文化協會滄桑》，台北：台原，1993.6.。

90. 林柏維《台灣的社會變遷》，台南：車軌寮工作室，2007.3.。

91. 林柏維《鹿谷茶飄香》，台北：紅樹林文化，2004.2.。

92. 林美容〈一姓村主姓村與雜姓村：台灣漢人聚落型態的分類〉，《台灣史田野研究通訊》，期 11，1991。

93. 林美容〈珍視台灣這塊田野〉，《台灣史田野研究通訊》，期 9，1988。

94. 林美容〈彰化媽祖的信仰圈〉，《中央研究院民族學研究所集刊》，期 68，1990。

95. 林美容《人類學與台灣》，台北：稻鄉，1995。

96. 林淇瀁〈民族想像與大眾路線的交軌：1930年代台灣話文論爭與台語文學運動〉，《台灣新文學發展重大事件研討會》，台南：國家台灣文學館，2004。

97. 林淇瀁《書寫與拼圖：臺灣文學傳播現象研究》，台北：麥田，2001.10.。

98. 林朝棨〈土地志‧地理篇〉《臺灣省通志稿》，台北：臺灣省文獻會，1957。

99. 林瑞明〈呂赫若的「台灣家族史」與寫實風格〉，呂赫若作品研究，1997.11.。

100. 林瑞明《台灣文學的歷史考察》，台北：允晨文化，1996.7.。

101. 邱坤良《台灣劇場與文化變遷》，台北：台原，1997。

102. 邱坤良《民間戲曲散記》，台北：時報文化，1979。

103. 邱坤良《現代社會的民俗曲藝》，台北：遠流，1983。

104. 施添福《清代在台漢人的祖籍分佈和原鄉生活方式》，台北：師大地理系，1987。

105. 柳怡徵《國史要義》，台北：中華，1957。

106. 郁永河《裨海紀遊》，臺灣文獻叢刊44，臺灣銀行經濟研究室。

107. 殷海光《中國文化的展望》，台北：文星，1966。

108. 殷海光《思想與方法》，台北：水牛，1991.6.。

109. 翁佳音、薛化元、劉燕儷、沈宗憲《台灣通史類著作解題與分析》，台北：業強，1992。

110. 翁佳音《大臺北古地圖考釋》，台北縣文化中心，1998年。

111. 嚴耕望《治史答問》，台北：商務，1985。

112. 梶原通好（李文祺譯）《台灣農民的生活節俗》，台北：台原，1989.7.。

113. 高拱乾《台灣府志》，臺灣文獻叢刊65，臺灣銀行經濟研究室。

114. 國分直一《台灣的歷史與民俗》，台北：武陵，1991.9.。

115. 張旭成〈鄭成功：愛國者、民族主義者、與開國者〉，薛光前、朱建民編《近代的台灣》，台北：正中，1977。

116. 張炎憲、陳美蓉《臺灣史與臺灣史料》，台北：自立，1993。

117. 張炎憲〈二二八事件口述歷史〉，《口述歷史研討會論文》，中研院台史所籌備處舉辦，1997.12。

118. 張炎憲〈台灣史研究與台灣主體性〉，《台灣近百年史論文集》。

119. 張炎憲〈地方文史、文物資料的研究與利用〉，《全國各地方文史工作室業務發展研討會》，中央圖書館台灣分館，1999.10.。

120. 張彬村〈十六至十八世紀中國海貿思想的演進〉，《中國海洋發展史論文集》2。

121. 張勝彥〈臺灣清代地方志之研究：以康熙年間所編之臺灣府志為例〉，《人文及社會科教學通訊》，10：5，2000。

122. 梁啟超《中國歷史研究法》，台北：商務，1978.3.。

123. 梁啟超《中國歷史研究法補編》，台北：商務，1980.6.。

124. 梁嘉彬〈「隋書流求為臺灣」的虛構過程及其影響──兼論東吳夷州為琉球〉，《東海學報》，1：1，1959。

125. 梁嘉彬〈吳志孫權傳夷州亶州考證〉，《大陸雜誌》，47：1，1973。

126. 梁嘉彬〈宋諸番志流求國毗舍耶國考證──兼論宋前宋後琉球及臺灣澎湖諸島〉，《大陸雜誌》，44：1，1972。

127. 梁嘉彬〈唐施肩吾事蹟及其「島夷行」詩考證〉，《大陸雜誌》，1958。

128. 許雪姬〈口述歷史的理論與實際〉（張福群整理），《宜蘭文獻雜誌》，期30，1997.11.。

129. 許雪姬〈台灣家族史研究的回顧與展望：以霧峰林家的研究為例〉，《台灣史研究暨史料整理成果研討會》，中研院近史所、台灣省文獻會合辦，1998.6.。

130. 許雪姬〈清代臺灣史研究的回顧與展望：以制度史為例〉，《思與言》，卷 23 期 11985.6.。

131. 許雪姬《板橋林家林平侯父子傳》，南投：台灣省文獻會，2000.6。

132. 許雪姬《龍井林家的歷史》，台北：中研院近史所專刊（59），1990.2。

133. 郭廷以《台灣史事概說》，台北：正中，1975。

134. 陳三井〈口述史料的採集及其價值〉，東吳大學歷史學系《史學與文獻》，1998.3.。

135. 陳三井〈口述歷史的理論及史料價值〉，《當代》，期 125，1998.1.。

136. 陳三井《臺灣近代史事與人物》，台北：商務，1988.7.。

137. 陳正祥《臺灣地誌》，臺北：南天，1993。

138. 陳其南《台灣的傳統中國社會》，台北：允晨，1987.3.。

139. 陳其南《家族與社會》，台北：聯經，1990.4.。

140. 陳芳明〈日據時期臺灣左翼史的研究及其限制〉中國現代史專題研究報告，第二十一輯，《臺灣史料的蒐集與運用研討會論文集》，2000。

141. 陳芳明《書寫台灣：文學史、後殖民與後現代》，台北：麥田，2000。

142. 陳垣《元典章校補釋例（校勘學釋例）》（1931），北京：中華，1963。

143. 陳寅恪《隋唐制度淵源略論稿、唐代政治史述論稿》，台北：里仁，1980.9.。

144. 陳壽《三國志》，台北：鼎文點校本，1987。

145. 章學誠《文史通義》，台北：世界，1956。

146. 彭明輝《晚清的經世史學》，台北：麥田，2002。

147. 彭明輝〈從歷史學期刊論文分析台灣史學研究動向（1945-2000）〉，《國立政治大學歷史學報》，期19，2002.5。

148. 彭明輝《台灣史學的中國纏結》，台北：麥田，2002。

149. 費正清〈中國歷史上的沿海與內陸〉，《劍橋中華民國史》，上海：人民。

150. 黃仁宇《中國大歷史》，台北：聯經，1993.10.。

151. 黃仁宇《放寬歷史的視界》，台北：允晨，1999.10.。

152. 黃秀政〈清代治臺政策的再檢討：以渡臺禁令為例〉，《文史學報》，20，1990。

153. 黃秀政〈臺灣史研究與史料收藏狀況〉，《臺灣文獻》，30：4，1979。

154. 黃俊傑《歷史知識與歷史思考》，台北：台大出版中心，2003.12.。

155. 黃俊傑《歷史思維、歷史知識與社會變遷》，台北：中研院，2005.12.。

156. 黃富三、曹永和合編《臺灣史論叢》第一輯，臺北：眾文，1980。

157. 黃富三、陳俐甫編《近現代臺灣口述歷史》，台北：林本源基金會，1991.7。

158. 黃富三〈試論臺灣兩大家族之性格與族運——板橋林家與霧峰林家〉，《臺灣風物》，45卷4期，1995。

159. 黃富三〈帝國邊陲與家族社會流動：霧峰林家的發展模式〉，中研院史語所等《文化差異與社會學通則：紀念張光直先生學術研討會》，2002.3。

160. 黃富三《戒嚴時期臺灣政治事件檔案與口述歷史》，南投：臺灣省文獻委員會，2001。

161. 黃富三《霧峰林家的中挫（1864-1885）》，臺北：自立晚報，1987。

162. 黃富三《霧峰林家的興起：從渡海拓荒到封疆大吏（1729-1864）》，臺北：自立晚報，1987。

163. 黃朝進《清代竹塹地區的家族與地域社會：以鄭、林兩家為中心》，新店：國史館，1995。

164. 黃進興、康樂編《歷史學與社會科學》，台北：華世，1981。

165. 黃進興《歷史主義與歷史理論》，臺北：允晨，1992.3.。

166. 溫振華、戴寶村《大臺北都會圈客家史》，臺北市文獻會，1998。

167. 溫振華〈清代臺灣中部的開發與社會變遷〉，《師大歷史學報》，1，1983。

168. 溫振華〈臺北高姓：一個臺灣宗族組織組成之研究〉，《臺灣風物》，30：4，1980。

169. 葉榮鐘《台灣民族運動史》，台北：自立晚報，1982.2.。

170. 董芳苑〈族群情節與和好2000〉《自由時報》，2000.5.22，頁15。

171. 鈴木清一郎《台灣舊慣冠婚葬祭與年中行事》，台北：眾文，1989.11.。

172. 鄔昆如《西洋哲學史話》，台北：三民，2004.1.。

173. 劉知幾《史通通釋》，台北：中華，1965年。

174. 劉還月《台灣歲時小百科》，台北：台原，1989.9.。

175. 蔡淵絜〈清代台灣的移墾社會〉，《台灣社會與文化變遷》（下）
　　　45-68，民族所，1986。

176. 鄧元忠《反省史學：兼論西洋後現代文化》，台北：五南，2001.8.。

177. 鄧元忠《反省史學之系統價值》，台北：五南，2004.9.。

178. 錢穆《中國史學名著》，台北：三民，1973。

179. 錢穆《中國歷史研究法》，台北：三民，1969.5.。

180. 錢穆《史學導言》，台北：中央日報，1970.5.。

181. 戴國煇（魏廷昭譯）《台灣總體相》，台北：遠流，1989。

182. 戴寶村〈台灣海洋史與海盜〉，《宜蘭文獻》，期 16，1995.7.。

183. 戴寶村〈伊能嘉矩與近代台灣歷史學〉，《二十世紀台灣歷史
　　　與人物－中華民國史專題第六屆研討會》，台北：國史館，
　　　2002.12.。

184. 戴寶村《三芝鄉誌》，台北：三芝鄉公所，1994.6.。

185. 薛化元、郭雲萍〈雷震「中華民國制憲史」史料意義的引介〉，
　　　《台灣史料研究》期 12，1999.11，頁 108～121。

186. 薛化元主編《台灣歷史年表》五冊，台北：業強，1998。

187. 謝國興〈近年來台灣與大陸纂修地方志之比較〉，《五十年來
　　　台灣方志成果評估與未來發展學術研討會論文集》，台北：中
　　　央研究院台灣史研究所籌備處，1999.5.。

188. 謝國興《台南幫：一個台灣本土企業集團的興起》，台北：遠
　　　流，1999.3.。

189. 謝國興《府城紳士：辛文炳和他的志業，1912-1999》，台北：
　　　南天，2000.4.。

190. 鍾倫納《應用社會科學研究法》，台北：商務，1993。

191. 關永中《知識論（一）》，台北：五南，2000.9.。

網站資料

1. 國史館 http://www.drnh.gov.tw/www/index.aspx
2. 中央研究院歷史語言研究所 http://www.ihp.sinica.edu.tw/
3. 中央研究院近代史研究所 http://www.mh.sinica.edu.tw/
4. 中央研究院台灣史研究所 http://140.109.185.220/
5. 國家圖書館 http://www.ncl.edu.tw/
6. 國立中央圖書館台灣分館 http://www.ntl.edu.tw/main.asp
7. 國史館台灣文獻館 http://www.th.gov.tw/
8. 史學評論網 http://historicalreview.jianwangzhan.com/10/147978/
9. 台灣歷史學會 http://www.twhistory.org.tw/
10. 吳三連台灣史料基金會 http://www.twcenter.org.tw/index.html
11. 文建會 http://www.cca.gov.tw/
12. 中央選舉委員會網站資料 http://www.cec.gov.tw/
13. 維基百科 http://zh.wikipedia.org/wiki/
14. 國立清華大學歷史教學網 http://teaching.hist.nthu.edu.tw/Publish/000135.php
15. 歷史：理論與文化 http://htc.emandy.idv.tw/
16. 史學連線 http://saturn.ihp.sinica.edu.tw/~liutk/shih/
17. 新史學 http://saturn.ihp.sinica.edu.tw/~huangkc/nhist/
18. 黃俊傑教授的個人網站 http://huang.cc.ntu.edu.tw/about.html
19. 周樑楷的史學園地 http://lkchou.blogspot.com/
20. 吳鳴弄堂 http://wuming.nongtong.com/
21. 林柏維的窗口網站 http://mail.stut.edu.tw/davidlim/
22. 鄧文淵，台灣咁仔店網站 http://www.taiwan123.com.tw/

23. 龐卓恒《史學概論》，天津師範大學，國家級精品課程網上教材，2005 年版本。

國家圖書館出版品預行編目

密碼與光譜：台灣為中心的歷史知識論 / 林柏維著
. -- 一版 . -- 臺北市 : 秀威資訊科技 , 2008.02
　　面 ；　　公分. -- (史地傳記類；AC0005)
參考書目：面
ISBN 978-986-6732-72-0 (平裝)

1. 史地方法　2. 臺灣史

603　　　　　　　　　　　　　　97001114

史地傳記類　AC0005

密碼與光譜：
台灣為中心的歷史知識論

作　　　者 / 林柏維
發 行 人 / 宋政坤
主　　　編 / 蔡登山
執 行 編 輯 / 賴敬暉
圖 文 排 版 / 黃莉珊
封 面 設 計 / 蔣緒慧
數 位 轉 譯 / 徐真玉　沈裕閔
圖 書 銷 售 / 林怡君
法 律 顧 問 / 毛國樑　律師
出 版 印 製 / 秀威資訊科技股份有限公司
　　　　　　台北市內湖區瑞光路 583 巷 25 號 1 樓
　　　　　　電話：02-2657-9211　　傳真：02-2657-9106
　　　　　　E-mail：service@showwe.com.tw
經 銷 商 / 紅螞蟻圖書有限公司
　　　　　　台北市內湖區舊宗路二段 121 巷 28、32 號 4 樓
　　　　　　電話：02-2795-3656　　傳真：02-2795-4100
　　　　　　http://www.e-redant.com
2008 年 2 月 BOD 一版
定價：290 元

讀 者 回 函 卡

感謝您購買本書，為提升服務品質，煩請填寫以下問卷，收到您的寶貴意見後，我們會仔細收藏記錄並回贈紀念品，謝謝！

1. 您購買的書名：＿＿＿＿＿＿＿＿＿＿＿＿＿＿＿＿＿＿

2. 您從何得知本書的消息？

　　□網路書店　　□部落格　　□資料庫搜尋　　□書訊　　□電子報　　□書店

　　□平面媒體　　□ 朋友推薦　　□網站推薦　□其他＿＿＿＿＿＿

3. 您對本書的評價：(請填代號　1.非常滿意 2.滿意 3.尚可 4.再改進)

　　封面設計＿＿＿　版面編排＿＿＿　內容＿＿＿　文/譯筆＿＿＿　價格＿＿＿

4. 讀完書後您覺得：

　　□很有收穫　　□有收穫　　□收穫不多　　□沒收穫

5. 您會推薦本書給朋友嗎？

　　□會　□不會，為什麼？＿＿＿＿＿＿＿＿＿＿＿＿＿＿＿＿＿＿

6. 其它寶貴的意見：＿＿＿＿＿＿＿＿＿＿＿＿＿＿＿＿＿＿＿

＿＿＿＿＿＿＿＿＿＿＿＿＿＿＿＿＿＿＿＿＿＿＿＿＿＿＿＿

＿＿＿＿＿＿＿＿＿＿＿＿＿＿＿＿＿＿＿＿＿＿＿＿＿＿＿＿

＿＿＿＿＿＿＿＿＿＿＿＿＿＿＿＿＿＿＿＿＿＿＿＿＿＿＿＿

讀者基本資料

姓名：＿＿＿＿＿＿＿＿＿＿　年齡：＿＿＿＿　性別：□女 □男

聯絡電話：＿＿＿＿＿＿＿＿　E-mail：＿＿＿＿＿＿＿＿＿＿＿

地址：＿＿＿＿＿＿＿＿＿＿＿＿＿＿＿＿＿＿＿＿＿＿＿＿＿＿

學歷：□高中(含)以下　　□高中　　□專科學校　　□大學

　　　□研究所(含)以上 □其它＿＿＿＿＿＿＿＿

職業：□製造業 □金融業 □資訊業 □軍警 □傳播業 □自由業

　　　□服務業 □公務員 □教職　□學生 □其它＿＿＿＿＿＿

To：114

台北市內湖區瑞光路 583 巷 25 號 1 樓

秀威資訊科技股份有限公司　　　收

寄件人姓名：

寄件人地址：□□□

(請沿線對摺寄回,謝謝!)

秀威與 BOD

BOD, Books On Demand 是數位出版的大趨勢，秀威資訊率先運用 POD 數位印刷設備來生產書籍，並提供作者全程數位出版服務，致使書籍產銷零庫存，知識傳承不絕版，目前已開闢以下書系：

一、BOD 學術著作—專業論述的閱讀延伸
二、BOD 個人著作—分享生命的心路歷程
三、BOD 旅遊文學—個人深度旅遊文學創作
四、BOD 大陸學者—大陸專業學者學術出版
五、POD 獨家經銷—數位產製的代發行書籍

BOD 秀威網路書店：www.showwe.com.tw
政府出版品網路書店：www.govbooks.com.tw

　　永不絕版的故事・自己寫・永不休止的音符・自己唱